2025년도 제36회 시험대비 THE LAST 모의고사
박윤모 & 정석진 부동산공시법·부동산세법

회차	문제수	시험과목
1회	40	부동산공시법·부동산세법

수험번호		성명	

【수험자 유의사항】

1. 시험문제지의 **총면수, 문제번호, 일련순서, 인쇄상태** 등을 확인하시고, 문제지 표지에 수험번호와 성명을 기재하시기 바랍니다.
2. 답은 각 문제마다 요구하는 **가장 적합하거나 가까운 답 1개**만 선택하고, 답안카드 작성 시 시험문제지 **마킹착오**로 인한 불이익은 전적으로 **수험자에게 책임**이 있음을 알려드립니다.
3. 답안카드는 국가전문자격 공통 표준형으로 문제번호가 1번부터 125번까지 인쇄되어 있습니다. 답안 마킹 시에는 반드시 **시험문제지의 문제번호와 동일한 번호**에 마킹하여야 합니다.
4. **감독위원의 지시에 불응하거나 시험시간 종료 후 답안카드를 제출하지 않을 경우** 불이익이 발생할 수 있음을 알려드립니다.
5. 시험문제지는 시험 종료 후 가져가시기 바랍니다.
6. 답안작성은 **시험시행일 현재 시행되는 법령** 등을 적용하시기 바랍니다.
7. 가답안 의견제시에 대한 개별회신 및 공고는 하지 않으며, **최종 정답 발표로 갈음**합니다.
8. 시험 중 **중간 퇴실은 불가**합니다. 단, 부득이하게 퇴실할 경우 **시험 포기각서 제출 후 퇴실은 가능**하나 **재입실이 불가**하며, **해당시험은 무효처리됩니다.**

박문각은 여러분의 제36회 공인중개사 시험 합격을 진심으로 응원합니다!

부동산공시에 관한 법령 및 부동산 관련 세법

1. 공간정보의 구축 및 관리 등에 관한 법령상 지목의 구분에 관한 설명으로 옳은 것은?

① 학교용지·공원·종교용지 등 다른 지목으로 된 토지에 있는 유적·고적·기념물 등을 보호하기 위하여 구획된 토지는 "사적지"로 한다.
② 온수·약수·석유류 등을 일정한 장소로 운송하는 송수관·송유관 및 저장시설의 부지는 "광천지"로 한다.
③ 축산업 및 낙농업을 하기 위하여 초지를 조성한 토지와 이에 접속된 주거용 건축물의 부지는 "목장용지"로 한다.
④ 연·왕골 등이 자생하는 배수가 잘 되지 아니하는 토지는 "유지"로 한다.
⑤ 주차전용 건축물 및 이에 접속된 부지와 노상 주차장 부지는 "주차장"으로 한다.

2. 공간정보의 구축 및 관리 등에 관한 법령상 부동산종합공부에 관한 설명으로 틀린 것은?

① 지적소관청은 부동산종합공부에 「건축법」 제38조에 따른 건축물대장의 내용에서 건축물의 표시와 소유자에 관한 사항(토지에 건축물이 있는 경우만 해당한다)을 등록하여야 한다.
② 부동산종합공부에 등록되는 사항을 관리하는 기관의 장은 지적소관청에 상시적으로 관련 정보를 제공하여야 한다.
③ 지적소관청은 부동산의 효율적 이용과 부동산과 관련된 정보의 종합적 관리·운영을 위하여 부동산종합공부를 관리·운영한다.
④ 지적소관청은 부동산종합공부를 영구히 보존하여야 하며, 멸실 또는 훼손에 대비하여 이를 별도로 복제하여 관리하는 정보관리체계를 구축하여야 한다.
⑤ 부동산종합공부를 열람하거나 그 증명서를 발급받으려는 자는 시·도지사 또는 특별자치시장, 시장·군수 또는 구청장에게 신청할 수 있다.

3. 공간정보의 구축 및 관리 등에 관한 법령상 지적전산자료를 이용 또는 활용하려는 자가 심사를 받기 위해 제출하는 신청서에 적어야 하는 사항이 아닌 것은?

① 자료의 범위 및 내용
② 자료의 이용 또는 활용 목적 및 근거
③ 자료의 안전관리대책
④ 자료의 제공 대상
⑤ 자료의 보관 기간

4. 공간정보의 구축 및 관리 등에 관한 법령상 지적측량의 의뢰, 지적기준점성과의 보관·열람 및 등본 발급 등에 관한 설명으로 옳은 것은?

① 지적소관청이 지적측량 의뢰를 받은 때에는 측량기간, 측량일자 및 측량 수수료 등을 적은 지적측량 수행계획서를 그 다음 날까지 지적측량수행자에게 제출하여야 한다.
② 지적측량 의뢰인과 지적측량수행자가 서로 합의하여 따로 기간을 정하는 경우에는 그 기간에 따르되, 전체 기간의 5분의 2는 측량기간으로, 전체 기간의 5분의 3은 측량검사기간으로 본다.
③ 지적측량수행자가 지적측량을 하였으면 시·도지사, 대도시 시장 또는 지적소관청으로부터 그 측량성과에 대한 검사를 받아야 한다.
④ 지적삼각점성과를 열람하거나 등본을 발급받으려는 자는 지적측량수행자에게 신청하여야 한다.
⑤ 지적측량을 의뢰하려는 자는 지적측량 의뢰서에 의뢰 사유를 증명하는 서류를 첨부하여 지적소관청에 제출하여야 한다.

5. 공간정보의 구축 및 관리 등에 관한 법령상 공유지연명부의 등록사항만으로 나열된 것은?

① 지번, 토지의 고유번호
② 도면번호, 지목
③ 토지소유자가 변경된 날과 그 원인, 대지권 비율
④ 건물의 명칭, 집합건물별 대지권등록부의 장번호
⑤ 소유권 지분, 전유부분(專有部分)의 건물표시

6. 공간정보의 구축 및 관리 등에 관한 법령상 축척변경에 따른 청산금에 관한 설명이다. ( )에 들어갈 내용으로 옳은 것은?

- 지적소관청은 청산금의 결정을 공고한 날부터 (ㄱ) 이내에 토지소유자에게 청산금의 납부고지 또는 수령통지를 하여야 한다.
- 청산금의 납부고지를 받은 자는 그 고지를 받은 날부터 (ㄴ) 이내에 청산금을 지적소관청에 내야 한다.

① ㄱ: 15일, ㄴ: 6개월
② ㄱ: 1개월, ㄴ: 3개월
③ ㄱ: 20일, ㄴ: 6개월
④ ㄱ: 2개월, ㄴ: 3개월
⑤ ㄱ: 2개월, ㄴ: 15일

7. 공간정보의 구축 및 관리 등에 관한 법령상 축척변경에 관한 설명으로 옳은 것은?

① 토지소유자 3분의 2 이상의 동의가 있는 경우에는 청산하지 아니할 수 있다.
② 축척변경위원회는 시행공고일 현재를 기준으로 그 축척변경 시행지역의 토지에 대하여 지번별 제곱미터당 금액을 미리 조사하여 지적소관청에 제출하여야 한다.
③ 축척변경위원회는 축척변경에 관한 측량을 한 결과 측량 전에 비하여 면적의 증감이 있는 경우에는 그 증감면적에 대하여 청산을 하여야 한다.
④ 청산금은 작성된 축척변경 지번별 조서의 필지별 증감 면적에 지번별 제곱미터당 금액을 곱하여 산정한다.
⑤ 필지별 증감면적이 허용범위 이내인 경우에도 축척변경위원회의 의결이 있으면 청산하여야 한다.

8. 공간정보의 구축 및 관리 등에 관한 법령상 토지의 조사·등록에 관한 설명이다. ( )에 들어갈 내용으로 옳은 것은?

> 지적공부에 등록하는 지번·지목·면적·경계 또는 좌표는 토지의 이동이 있을 때 토지소유자(법인이 아닌 사단이나 재단의 경우에는 그 대표자나 관리인을 말한다. 이하 같다)의 신청을 받아 (ㄱ)이(가) 결정한다. 다만, 신청이 없으면 (ㄴ)이(가) 직권으로 조사·측량하여 결정할 수 있다.

① ㄱ: 지적소관청, ㄴ: 지적소관청
② ㄱ: 국토교통부장관, ㄴ: 국토교통부장관
③ ㄱ: 지적소관청, ㄴ: 시·도지사
④ ㄱ: 지적소관청, ㄴ: 국토교통부장관
⑤ ㄱ: 시·도지사, ㄴ: 지적소관청

9. 공간정보의 구축 및 관리 등에 관한 법령상 지적측량을 실시하여야 하는 경우로 틀린 것은?

① 바다가 된 토지의 등록을 말소하는 경우로서 측량을 할 필요가 있는 경우
② 지적공부의 등록사항을 정정하는 경우로서 측량을 할 필요가 있는 경우
③ 공공기준점을 설치하는 경우 측량을 할 필요가 있는 경우
④ 도시개발사업 등으로 토지의 표시를 새로이 정하기 위해 측량을 할 필요가 있는 경우
⑤ 경계점을 지상에 복원하는 경우

10. 공간정보의 구축 및 관리 등에 관한 법령상 토지소유자의 정리에 관한 설명으로 틀린 것은?

① 「공유수면매립법」의 규정에 의하여 매립준공인가 된 토지를 신규 등록 하는 경우 지적공부에 등록하는 토지의 소유자는 지적소관청이 조사하여 등록한다.
② 지적소관청은 필요하다고 인정하는 경우에는 관할 등기관서의 등기부를 열람하여 지적공부와 부동산등기부가 일치하는지 여부를 조사·확인하여야 한다.
③ 지적소관청은 토지소유자의 변동 등에 따른 지적공부를 정리하고자 하는 경우에는 소유자정리 결의서를 작성하여야 한다.
④ 지적공부에 등록된 토지소유자의 변경사항은 등기관서에서 등기한 것을 증명하는 등기필증, 등기완료통지서, 등기사항증명서 또는 등기관서에서 제공한 등기전산정보자료에 따라 정리한다.
⑤ 지적소관청은 등기부에 적혀 있는 토지의 표시가 지적공부와 일치하지 아니하면 등기완료통지서에 따라 토지소유자를 정리한 후, 부합하지 않는다는 사실을 관할 등기관서에 통지한다.

11. 공간정보의 구축 및 관리 등에 관한 법령상 축척변경 신청에 관한 설명이다. ( )에 들어갈 내용으로 옳은 것은?

> 축척변경시행지역 안의 토지소유자 또는 점유자는 시행공고가 있는 날부터 ( ) 이내에 시행공고일 현재 점유하고 있는 경계에 경계점표지를 설치하여야 한다.

① 7일
② 10일
③ 15일
④ 30일
⑤ 60일

12. 공간정보의 구축 및 관리 등에 관한 법령상 지적공부의 복구에 관한 관계 자료가 아닌 것은?

① 지적측량 준비도
② 지적소관청이 작성하거나 발행한 지적공부의 등록내용을 증명하는 서류
③ 측량결과도
④ 토지이동정리 결의서
⑤ 법원의 확정판결서 정본 또는 사본

13. 대장은 편성되어 있으나 미등기인 부동산의 소유권보존등기에 관한 설명으로 틀린 것은?

① 등기관이 소유권보존등기를 할 경우 등기원인일자는 '최초로 소유권을 취득한 날'을 기록한다.
② 군수의 확인에 의해 미등기건물에 대한 자기의 소유권을 증명하는 자는 보존등기를 신청할 수 있다.
③ 등기관이 법원의 촉탁에 따라 소유권의 처분제한의 등기를 할 때는 직권으로 보존등기를 한다.
④ 대장에 최초 소유자로 등록된 자의 상속인은 보존등기를 신청할 수 있다.
⑤ 수용으로 인하여 소유권을 취득하였음을 증명하는 자는 미등기토지에 대한 보존등기를 신청할 수 있다.

14. 부기등기를 하는 경우가 아닌 것은?

① 지상권을 목적으로 하는 저당권설정등기
② 등기상 이해관계 있는 제3자의 승낙이 있는 경우, 권리의 변경등기
③ 권리소멸약정등기
④ 저당권 실행을 위한 임의경매개시결정등기
⑤ 공유물 분할금지의 약정등기

15. 환매특약의 등기에 관한 설명으로 틀린 것은?

① 매매로 인한 소유권이전등기와 환매특약등기는 별개의 신청정보로 동시에 신청해야 한다.
② 등기원인에 환매기간이 정하여져 있는 경우에는 이를 기록하여야 한다.
③ 매도인과 매수인은 환매에 따른 권리취득의 등기와 환매특약의 말소등기를 동시에 신청하여야 한다.
④ 매매비용을 기록해야 한다.
⑤ 매수인이 지급한 대금을 기록해야 한다.

16. 인감증명을 첨부정보로 등기소에 제공하여야 하는 경우가 아닌 것은?(다툼이 있는 경우 판례 및 예규에 따름)

① 소유권에 관한 가등기명의인이 가등기말소등기를 신청하는 경우 가등기명의인의 인감증명
② 소유권의 등기명의인이 등기의무자로서 등기를 신청하는 경우 등기의무자의 인감증명
③ 근저당권자와 근저당권설정자가 최권최고액을 감액하는 근저당권변경등기를 하는 경우 근저당권설정자의 인감증명
④ 등기신청정보에 제3자의 동의 또는 승낙을 증명하는 서면을 첨부정보로 등기소에 제공하는 경우 그 서면에 날인한 동의 또는 승낙자의 인감증명
⑤ 소유권 외의 권리의 등기명의인이 등기의무자로서 신청정보에 확인정보 또는 공증서면을 첨부정보로 등기소에 제공하여 등기를 신청하는 경우 등기의무자의 인감증명

17. 가등기에 관한 설명으로 옳은 것은?

① 가등기목적물의 소유권이 가등기 후에 제3자에게 이전된 경우, 가등기에 의한 본등기신청의 등기의무자는 그 제3자이다.
② 가등기권리자가 가등기를 명하는 가처분명령을 신청할 경우, 부동산의 소재지를 관할하는 법원에 신청한다.
③ 하나의 가등기에 관하여 여러 사람의 가등기권리자가 있는 경우, 그 중 일부의 가등기권리자는 공유물보존행위에 준하여 가등기 전부에 관한 본등기를 신청할 수 있다.
④ 가등기명의인은 그 가등기의 말소를 단독으로 신청할 수 없다.
⑤ 가등기의무자는 가등기명의인의 승낙을 받더라도 가등기의 말소를 단독으로 신청할 수 없다.

18. 전세권 등기에 관한 설명으로 틀린 것은?(다툼이 있으면 판례에 따름)

① 甲과 乙의 공유인 부동산에 丙명의의 전세권설정등기를 신청하는 경우에는 공유자 전원을 등기의무자로 하여야 한다.
② 乙 명의의 전세권등기와 그 전세권에 대한 丙 명의의 가압류가 순차로 마쳐진 甲 소유 부동산에 대하여 乙 명의의 전세권등기를 말소하라는 판결을 받았다면 그 판결에 의하여 전세권말소등기를 신청할 때에는 丙의 승낙서 또는 丙에게 대항할 수 있는 재판의 등본을 첨부할 필요가 없다.
③ 전세권의 목적인 범위가 건물의 특정 층 전부인 경우에는 전세권설정등기 신청서에 그 층의 도면을 첨부하지 않아도 된다.
④ 전세권의 존속기간이 만료된 경우에는 그 전세권을 목적으로 하는 근저당권을 설정할 수 없다.
⑤ 전세권 설정등기를 하는 경우, 등기관은 전세금과 설정범위를 기록해야 한다.

19. 가등기에 관한 설명으로 틀린 것은?

① 임차권설정등기청구권보전 가등기에 의한 본등기를 한 경우 가등기 후 본등기 전에 마쳐진 저당권설정등기는 직권말소할 수 없다.
② 가등기권리자는 가등기를 명하는 법원의 가처분명령이 있는 경우에는 단독으로 가등기를 신청할 수 있다.
③ 근저당권 채권최고액의 변경등기청구권을 보전하기 위해 가등기를 할 수 있다.
④ 등기관이 소유권이전등기청구권보전 가등기에 의한 본등기를 한 경우, 가등기 후 본등기 전에 마쳐진 해당 가등기상 권리를 목적으로 하는 가처분등기는 직권으로 말소한다.
⑤ 가등기를 한 후 본등기의 신청이 있을 때에는 가등기의 순위번호를 사용하여 본등기를 하여야 한다.

20. 부동산등기법상 신탁등기에 관한 설명으로 틀린 것은?

① 수인의 수탁자 중 일부가 임무종료된 경우에는 합유명의인 변경등기를 하여야 한다.
② 단독 수탁자가 갑에서 을로 바뀐 경우에는 수탁자를 갑에서 을로 변경하는 등기명의인표시변경등기를 하여야 한다.
③ 신탁부동산을 신탁목적에 따라 처분한 경우에는 소유권이전등기와 신탁등기의 말소등기를 같은 신청정보에 의하여 신청하여야 한다.
④ 신탁등기가 경료된 토지에 대해서는 원칙적으로 합필등기를 할 수 없다.
⑤ 신탁계약에서 재신탁을 할 수 있다고 정한 경우라 하더라도 재신탁의 등기는 허용되지 않는다.

21. 합유등기에 관한 설명으로 틀린 것은?

① 합유자 중 1인이 다른 합유자 전원의 동의를 얻어 합유지분을 처분하는 경우, 합유명의인 변경등기신청을 할 수 있다.
② 2인의 합유자 중 1인이 사망한 경우, 잔존 합유자는 그의 단독 소유로 하는 상속을 원인으로 하는 소유권이전등기를 신청할 수 있다.
③ 민법상 조합의 소유인 부동산을 등기할 경우, 조합원 전원의 명의로 합유등기를 하여야 한다.
④ 부동산의 합유지분에 대한 가압류등기는 할 수 없다.
⑤ 합유등기를 하는 경우, 합유자의 지분비율을 기록할 필요가 없다.

22. 등기신청인에 관한 설명 중 옳은 것을 모두 고른 것은?

> ㄱ. 부동산이 甲 ⇨ 乙 ⇨ 丙으로 매도되었으나 등기명의가 甲에게 남아 있어 丙이 乙을 대위하여 소유권이전등기를 신청하는 경우, 절차법상 등기권리자는 丙이다.
> ㄴ. 채권자 甲이 채무자 乙을 대위하여 등기신청을 하는 경우, 甲이 등기신청인이 된다.
> ㄷ. 甲에서 乙로, 乙에서 丙으로 순차로 소유권이전등기가 이루어졌으나 乙 명의의 등기가 원인무효임을 이유로 甲이 丙을 상대로 丙 명의의 등기 말소를 명하는 확정판결을 얻은 경우, 그 판결에 따른 등기에 있어서 등기권리자는 乙이다.
> ㄹ. 甲 소유로 등기된 토지에 설정된 乙 명의의 근저당권을 丙에게 이전하는 등기를 신청하는 경우, 등기의무자는 乙이다.

① ㄱ, ㄷ   ② ㄴ, ㄹ   ③ ㄱ, ㄷ, ㄹ
④ ㄴ, ㄷ, ㄹ   ⑤ ㄱ, ㄴ, ㄷ, ㄹ

23. 등기필정보의 실효신고에 관한 설명으로 틀린 것은?

① 등기명의인 또는 상속인은 등기필정보의 실효신고를 할 수 있다.
② 등기관은 등기필정보의 실효신고가 있는 경우 해당 등기필정보를 실효시키는 조치를 하여야 한다.
③ 등기명의인의 포괄승계인도 신고정보를 제공하는 방법으로 실효신고를 할 수 있다.
④ 등기명의인이 직접 등기필정보의 실효신고를 할 때에는 본인확인절차를 거쳐야 한다.
⑤ 대리인이 신고정보를 적은 서면을 제출하는 방법으로 실효신고를 하는 경우에는 신고서에 본인의 인감증명을 첨부할 필요가 없다.

24. 등기신청에 관한 설명으로 틀린 것은?(다툼이 있으면 판례에 따름)

① 1동의 건물에 속하는 구분건물 중 일부만에 관하여 소유권보존등기를 신청하면서 나머지 구분건물의 표시에 관한 등기를 동시에 신청하는 경우, 구분건물의 소유자는 1동에 속하는 다른 구분건물의 소유자를 대위하여 그 건물의 표시에 관한 등기를 신청할 수 있다.
② 건물이 멸실된 경우, 그 건물소유권의 등기명의인이 1개월 이내에 멸실등기신청을 하지 않으면 그 건물대지의 소유자가 그 건물소유권의 등기명의인을 대위하여 멸실등기를 신청할 수 있다.
③ 매도인 甲과 매수인 乙이 매매계약을 체결한 후 아직 등기신청을 하지 않고 있는 동안, 매도인 甲이 사망한 경우에는 상속등기를 생략하고 甲의 상속인이 등기의무자가 되어 그 등기를 신청할 수 있다.
④ 상속인이 상속포기를 할 수 있는 기간 중이라도 상속인의 채권자는 대위권을 행사하여 상속등기를 신청할 수 있다.
⑤ 가등기를 마친 후에 가등기권자가 사망한 경우, 그 상속인은 상속등기를 거쳐 상속을 증명하는 서면을 첨부하여 가등기의무자와 공동으로 본등기를 신청할 수 있다.

25. 「국세기본법」상 납세의무의 성립·확정 및 소멸에 관한 설명이다. 틀린 것은?

① 중간예납하는 소득세는 중간예납기간이 끝나는 때 성립하고 납세의무가 성립하는 때에 특별한 절차 없이 그 세액이 확정된다.
② 증권거래세는 해당 매매거래가 확정되는 때 성립하고 과세표준과 세액을 정부에 신고하였을 때 확정된다.
③ 상속세는 상속이 개시되는 때 성립하고 과세표준과 세액을 정부가 결정하는 때 확정된다.
④ 국세부과의 제척기간은 시효의 중단과 정지제도가 없지만, 국세징수의 소멸시효는 시효의 중단과 정지제도가 있다.
⑤ 납세자가 신고하는 법인세의 부과제척기간의 기산일은 과세표준신고기한의 다음 날이고, 소멸시효의 기산일은 그 법정신고납부기한의 다음 날이다.

26. 「국세기본법」상 심사와 심판에 관한 설명이다. 틀린 것은?

① 「조세범 처벌절차법」에 따른 통고처분에 대해서는 「국세기본법」에 따른 불복을 할 수 없다.
② 재조사 결정에 따른 처분청의 처분에 대해서는 해당 재조사 결정을 한 재결청에 대하여 심사청구 또는 심판청구를 제기할 수 없다.
③ 행정소송은 심사청구 또는 심판청구에 대한 결정의 통지를 받은 날부터 90일 이내에 제기하여야 하나, 결정기간에 결정의 통지를 받지 못한 경우에는 결정의 통지를 받기 전이라도 그 결정기간이 지난 날부터 행정소송을 제기할 수 있다.
④ 심사청구에 대한 결정에 잘못된 기재, 계산착오, 그 밖에 이와 비슷한 잘못이 있는 것이 명백할 때에는 국세청장은 직권으로 또는 심사청구인의 신청에 의하여 경정할 수 있다.
⑤ 조세심판관회의는 심판청구에 대한 결정을 할 때 심판청구를 한 처분 외의 처분에 대해서는 그 처분의 전부 또는 일부를 취소 또는 변경하거나 새로운 처분의 결정을 하지 못한다.

27. 「지방세법」상 취득의 시기 등에 관한 설명으로 틀린 것은?

① 차량·기계장비 또는 선박의 종류변경에 따른 취득은 사실상 변경한 날과 공부상 변경한 날 중 빠른 날을 취득일로 본다.
② 토지의 지목변경에 따른 취득은 토지의 지목이 사실상 변경된 날과 공부상 변경된 날 중 늦은 날을 취득일로 본다.
③ 「민법」 제245조 및 제247조에 따른 점유로 인한 취득의 경우에는 취득물건의 등기일 또는 등록일을 취득일로 본다.
④ 「주택법」 제11조에 따른 주택조합이 주택건설사업을 하면서 조합원으로부터 취득하는 토지 중 조합원에게 귀속되지 아니하는 토지를 취득하는 경우에는 「주택법」 제49조에 따른 사용검사를 받은 날에 그 토지를 취득한 것으로 본다.
⑤ 무상취득의 경우 해당 취득물건을 등기·등록하지 않고 화해조서·인낙조서(해당 조서에서 취득일부터 취득일이 속하는 달의 말일부터 3개월 이내에 계약이 해제된 사실이 입증되는 경우만 해당한다)에 해당하는 서류로 계약이 해제된 사실이 입증되는 경우에는 취득한 것으로 보지 않는다.

28. 다음 사례에서 개인과 법인의 「지방세법」상 사실상 취득가격의 차이는 얼마인가?

> ㄱ. 취득대금: 500,000,000원
> ㄴ. 건설자금에 충당한 차입금의 이자 또는 이와 유사한 금융비용: 20,000,000원
> ㄷ. 할부 또는 연부(年賦) 계약에 따른 이자 상당액 및 연체료: 10,000,000원
> ㄹ. 취득에 필요한 용역을 제공받은 대가로 지급하는 용역비·수수료: 5,000,000원
> ㅁ. 취득대금 외에 당사자의 약정에 따른 취득자 조건 부 담액과 채무인수액: 10,000,000원
> ㅂ. 법령에 따라 매입한 국민주택채권을 해당 주택의 취득 이전에 금융회사에 양도함으로써 발생하는 매각차손: 1,000,000원
> ㅅ. 「공인중개사법」에 따른 공인중개사에게 지급한 중개보수: 1,100,000원 (부가가치세 포함)
> ㅇ. 「전기사업법」, 「도시가스사업법」, 「집단에너지사업법」, 그 밖의 법률에 따라 전기·가스·열 등을 이용하는 자가 분담하는 비용: 3,000,000원

① 31,000,000원
② 31,100,000원
③ 32,000,000원
④ 516,000,000원
⑤ 547,000,000원

29. 「지방세법」상 취득세 비과세에 관한 내용이다. 틀린 것은?

① 국가 또는 지방자치단체, 「지방자치법」 제176조 제1항에 따른 지방자치단체조합, 외국정부 및 주한국제기구의 취득에 대해서는 취득세를 부과하지 아니한다. 다만, 대한민국 정부기관의 취득에 대하여 과세하는 외국정부의 취득에 대해서는 취득세를 부과한다.
② 국가, 지방자치단체 또는 지방자치단체조합에 귀속 또는 기부채납을 조건으로 취득하는 부동산 및 「사회기반시설에 대한 민간투자법」 제2조 제1호 각 목에 해당하는 사회기반시설에 대해서는 취득세를 부과하지 아니한다.
③ 신탁(「신탁법」에 따른 신탁으로서 신탁등기가 병행되는 것만 해당한다)으로 인한 신탁재산의 취득으로서 수탁자가 변경되어 신수탁자에게 신탁재산을 이전하는 경우에는 취득세를 부과하지 아니한다.
④ 임시흥행장, 공사현장사무소 등(제13조 제5항에 따른 과세대상은 제외한다) 임시건축물의 취득에 대하여는 그 존속기간에 관계없이 취득세를 부과하지 아니한다.
⑤ 「주택법」 제2조 제3호에 따른 공동주택의 개수(「건축법」 제2조 제1항 제9호에 따른 대수선은 제외한다)로 인한 취득 중 대통령령으로 정하는 가액 이하의 주택과 관련된 개수로 인한 취득에 대해서는 취득세를 부과하지 아니한다.

30. 「지방세법」상 등록에 대한 등록면허세의 납세지와 신고 및 납부에 관한 설명 중 틀린 것은?

① 같은 등록에 관계되는 재산이 둘 이상의 지방자치단체에 걸쳐 있어 등록면허세를 지방자치단체별로 부과할 수 없을 때에는 등록관청 소재지를 납세지로 한다.

② 등록을 하려는 자는 과세표준에 세율을 적용하여 산출한 세액을 등록을 하기 전까지 납세지를 관할하는 지방자치단체의 장에게 신고하고 납부하여야 한다.

③ 신고의무를 다하지 아니하고 등록면허세 산출세액을 등록을 하기 전까지 납부하였을 때에는 무신고가산세를 부과한다.

④ 등기·등록관서의 장은 등기 또는 등록 후에 등록면허세가 납부되지 아니하였거나 납부부족액을 발견한 경우에는 다음 달 10일까지 납세지를 관할하는 시장·군수·구청장에게 통보하여야 한다.

⑤ 납세자는 등기 또는 등록하려는 때에는 등기 또는 등록 신청서에 등록면허세 영수필 통지서(등기·등록관서의 시·군·구 통보용) 1부와 등록면허세 영수필 확인서 1부를 첨부하여야 한다. 다만, 「전자정부법」 제36조 제1항에 따라 행정기관 간에 등록면허세 납부사실을 전자적으로 확인할 수 있는 경우에는 그러하지 아니하다.

31. 「지방세법」상 다음의 재산세 과세표준에 적용되는 표준세율 중 가장 낮은 것은?

① 과세표준 20억원인 분리과세대상 목장용지
② 과세표준 6천만원인 주택(1세대 2주택에 해당)
③ 과세표준 10억원인 분리과세대상 공장용지
④ 과세표준 2억원인 별도합산과세대상 토지
⑤ 과세표준 5천만원인 종합합산과세대상 토지

32. 「지방세법」상 재산세 부과·징수에 관한 설명으로 옳은 것은?

① 해당 연도에 주택에 부과할 세액이 100만원인 경우 납기를 7월 16일부터 7월 31일까지로 하여 한꺼번에 부과·징수한다.

② 해당 연도에 부과할 토지분 재산세액이 10만원 이하인 경우, 조례로 정하는 바에 따라 납기를 7월 16일부터 7월 31일까지로 하여 한꺼번에 부과·징수할 수 있다.

③ 지방자치단체의 장은 재산세의 납부세액이 500만원을 초과하는 경우에는 납세의무자의 신청을 받아 해당 지방자치단체의 관할구역에 있는 부동산에 대해서만 물납을 허가할 수 있다.

④ 고지서 1장당 재산세로 징수할 세액이 6천원 미만인 경우에는 해당 재산세를 징수하지 아니한다.

⑤ 재산의 소유권 변동 또는 과세대상 재산의 변동 사유가 발생하였으나 과세기준일까지 그 등기·등록이 되지 아니한 재산의 공부상 소유자는 과세기준일부터 15일 이내에 그 소재지를 관할하는 지방자치단체의 장에게 그 사실을 알 수 있는 증거자료를 갖추어 신고하여야 한다.

33. 「지방세법」상 재산세에 관한 설명으로 틀린 것은?

① 소유권의 귀속이 분명하지 아니하여 사실상의 소유자를 확인할 수 없는 경우에는 그 사용자가 납부할 의무가 있다.

② 서울특별시 강남구와 경기도 성남시에 부동산을 소유하고 있는 자의 성남시 소재 부동산에 대하여 부과된 재산세의 물납은 성남시 내에 소재하는 부동산만 가능하다.

③ 농업용 구거와 자연유수의 배수처리에 제공하는 구거에 대하여는 재산세를 부과하지 아니한다.

④ 상속이 개시된 재산으로서 상속등기가 이행되지 아니하고 사실상의 소유자를 신고하지 아니하였을 때에는 공동상속인 각자가 받았거나 받을 재산에 따라 납부할 의무를 진다.

⑤ 행정기관으로부터 철거명령을 받은 건축물 등 재산세를 부과하는 것이 적절하지 아니한 건축물 또는 주택(「건축법」 제2조 제1항 제2호에 따른 건축물 부분으로 한정한다)으로서 대통령령으로 정하는 것에 대하여는 재산세를 부과하지 아니한다.

34. 종합부동산세에 관한 설명으로 틀린 것은?

① 법인이 2주택을 소유한 경우 종합부동산세의 세율은 1천분의 27을 적용한다.

② 1주택(주택의 부속토지만을 소유한 경우는 제외)과 다른 주택의 부속토지(주택의 건물과 부속토지의 소유자가 다른 경우의 그 부속토지)를 함께 소유하고 있는 경우는 1세대 1주택자로 본다.

③ 과세기준일 현재 주택분 재산세의 납세의무자는 종합부동산세를 납부할 의무가 있다.

④ 관할세무서장은 주택분 종합부동산세액의 납부가 유예된 납세의무자가 해당 주택을 타인에게 양도하거나 증여하는 경우에는 그 납부유예를 연장하여야 한다.

⑤ 종합부동산세를 신고납부방식으로 납부하고자 하는 납세의무자는 종합부동산세의 과세표준과 세액을 해당 연도 12월 1일부터 12월 15일까지 관할세무서장에게 신고하여야 한다.

35. 소득세법령상 신고 및 납부에 관한 설명으로 옳지 않은 것은?

① 독립된 자격으로 보험가입자의 모집 및 이에 부수되는 용역을 제공하고 그 실적에 따라 모집수당 등을 받는 자는 사업장 현황 신고를 하지 아니할 수 있다.
② 근로소득 중 법령으로 정하는 일용근로자의 근로소득의 경우에는 그 지급일이 속하는 달의 다음 달 말일(휴업, 폐업 또는 해산한 경우에는 휴업일, 폐업일 또는 해산일이 속하는 달의 다음 달 말일)까지 지급명세서를 제출하여야 한다.
③ 성실신고확인대상사업자가 성실신고확인서를 제출하는 경우에는 종합소득과세표준 확정신고를 그 과세기간의 다음 연도 5월 1일부터 6월 30일까지 하여야 한다.
④ 해당 과세기간에 분리과세 주택임대소득이 있는 경우에는 확정신고를 하지 아니한다.
⑤ 분할납부에 관한 규정은 종합소득·퇴직소득은 물론 양도소득에 대한 소득세에도 적용하며, 확정신고시 자진납부할 세액은 물론 중간예납세액이나 예정신고세액에도 적용한다.

36. 「소득세법」상 거주자의 양도소득세 과세대상이 아닌 것은? (단, 국내 자산을 가정함)

① 등기된 부동산임차권의 양도
② 지방자치단체가 발행하는 토지상환채권을 양도하는 경우
③ 건물이 완성되는 때에 그 건물과 이에 딸린 토지를 취득할 수 있는 권리의 양도
④ 영업권(사업에 사용하는 토지·건물 및 부동산에 관한 권리와 분리되어 양도되는 것)의 양도
⑤ 골프 회원권의 양도

37. 거주자 갑이 양도한 주택(등기된 국내 소재 주택임) 관련 자료이다. 주택 양도로 인한 양도차익으로 옳은 것은? (단, 주어진 자료 이외의 다른 사항은 고려하지 않으며, 조세부담 최소화를 가정할 것)

1. 주택의 취득 및 양도 관련 자료

구 분	거래일자	실지거래가액	기준시가
양 도	2025.9.30.	500,000,000원	400,000,000원
취 득	1990.7.7.	불분명*	100,000,000원

* 취득 당시의 매매사례가액과 감정가액도 확인되지 않음

2. 거래 증명서류로 확인되는 추가 지출 내역

내 역	금 액
자본적 지출*	120,000,000원
양도시 부동산 중개보수	10,000,000원

* 주택의 리모델링을 위해 지출한 비용임

3. 주택의 필요경비 개산공제 : 취득 당시 기준시가의 3%

① 170,000,000원　② 270,000,000원
③ 297,000,000원　④ 370,000,000원
⑤ 372,000,000원

38. 다음의 양도 중 양도소득세의 초과누진세율이 적용되는 경우는 몇 개인가?

ㄱ. 6개월 보유한 골프 회원권의 양도
ㄴ. 2년 6개월 보유한 재건축조합원입주권의 양도
ㄷ. 2년 7개월 보유한 등기된 1세대 2주택(조정대상지역이 아님)의 양도
ㄹ. 2년 6개월 보유한 상가의 미등기 양도
ㅁ. 2년 6개월 보유한 분양권의 양도

① 1개　② 2개　③ 3개　④ 4개　⑤ 5개

39. 「소득세법」상 거주자의 양도소득 과세표준 및 세액의 신고·납부에 관한 설명으로 옳은 것은 몇 개인가?

> ㄱ. 법령에 따른 부담부증여의 채무액에 해당하는 부분으로서 양도로 보는 경우 그 양도일이 속하는 달의 말일부터 3개월 이내에 양도소득 과세표준을 납세지 관할 세무서장에게 신고하여야 한다.
> ㄴ. 양도차익이 없거나 양도차손이 발생한 경우에도 양도소득 과세표준의 예정신고를 하여야 한다.
> ㄷ. 당해연도에 누진세율의 적용대상 자산에 대한 예정신고를 2회 이상 한 자가 법령에 따라 이미 신고한 양도소득금액과 합산하여 신고하지 아니한 경우에는 양도소득 과세표준의 확정신고를 하여야 한다.
> ㄹ. 예정신고납부할 세액이 5천만원인 자는 2천만원을 초과하는 금액을 납부기한이 지난 후 2개월 이내에 분할납부할 수 있다.
> ㅁ. 건물을 신축하고 그 취득일부터 3년 이내에 양도하는 경우로서 감정가액을 취득가액으로 하는 경우에는 그 감정가액의 100분의 3에 해당하는 금액을 양도소득 결정세액에 가산한다.

① 1개 ② 2개 ③ 3개 ④ 4개 ⑤ 5개

---

40. 다음은 거주자 甲이 그 배우자인 乙에게 증여한 후, 乙이 다시 타인에게 양도한 사업용토지에 관한 자료이다. 양도소득세 납세의무자와 산출세액으로 옳은 것은?

1. 토지의 취득·증여 및 양도에 관한 자료

구 분	일 자	실지거래가액 등	기타필요경비 (취득부대비용)
甲의 취득	2015.09.10.	20,000,000원	600,000원
乙의 증여에 따른 취득	2024.01.10.	90,000,000원*	2,700,000원
乙의 양도	2025.10.14.	110,000,000원	

* 이는 증여일 현재 상속세및증여세법에 따라 평가한 가액이다. 증여재산가액(증여당시 시가: 90,000,000원)이 배우자증여재산공제액(6억원)에 미달하여 증여세 과세표준이 0원이므로 증여세 상당액은 없다.

2. 거주자 甲과 乙은 토지의 취득에 관한 등기를 이행하였으며, 해당 토지 외에 증여·양도한 자산은 없다.

3. 양도소득세 기본세율은 다음과 같다.

과세표준	산출세액
1,400만원 이하	과세표준 × 6%
5,000만원 이하	과세표준 × 15% − 1,260,000원(누진공제액)
8,800만원 이하	과세표준 × 24% − 5,760,000원(누진공제액)
1억 5천만원 이하	과세표준 × 35% − 15,440,000원(누진공제액)
3억원 이하	과세표준 × 38% − 19,940,000원(누진공제액)
5억원 이하	과세표준 × 40% − 25,940,000원(누진공제액)
10억원 이하	과세표준 × 42% − 35,940,000원(누진공제액)
10억원 초과	과세표준 × 45% − 65,940,000원(누진공제액)

	양도소득세 납세의무자	산출세액
①	甲	15,636,000원
②	乙	960,000원
③	甲	12,417,600원
④	乙	10,804,800원
⑤	乙	15,636,000원

수고하셨습니다.
당신의 합격을 응원합니다.

www.pmg.co.kr

박문각 공인중개사

2025년도 제36회 시험대비 THE LAST 모의고사
박윤모 & 정석진 부동산공시법·부동산세법

회차	문제수	시험과목
2회	40	부동산공시법·부동산세법

수험번호		성명	

【수험자 유의사항】

1. 시험문제지의 **총면수, 문제번호, 일련순서, 인쇄상태** 등을 확인하시고, 문제지 표지에 수험번호와 성명을 기재하시기 바랍니다.

2. 답은 각 문제마다 요구하는 **가장 적합하거나 가까운 답 1개**만 선택하고, 답안카드 작성 시 시험문제지 **마킹착오**로 인한 불이익은 전적으로 **수험자에게 책임**이 있음을 알려드립니다.

3. 답안카드는 국가전문자격 공통 표준형으로 문제번호가 1번부터 125번까지 인쇄되어 있습니다. 답안 마킹 시에는 반드시 **시험문제지의 문제번호와 동일한 번호**에 마킹하여야 합니다.

4. **감독위원의 지시에 불응하거나 시험시간 종료 후 답안카드를 제출하지 않을 경우** 불이익이 발생할 수 있음을 알려드립니다.

5. 시험문제지는 시험 종료 후 가져가시기 바랍니다.

6. 답안작성은 **시험시행일 현재 시행되는 법령 등**을 적용하시기 바랍니다.

7. 가답안 의견제시에 대한 개별회신 및 공고는 하지 않으며, **최종 정답 발표로 갈음**합니다.

8. 시험 중 **중간 퇴실은 불가**합니다. 단, 부득이하게 퇴실할 경우 **시험 포기각서 제출 후 퇴실은 가능**하나 **재입실이 불가**하며, **해당시험은 무효처리됩니다.**

박문각은 여러분의 제36회 공인중개사 시험 합격을 진심으로 응원합니다!

부동산공시에 관한 법령 및 부동산 관련 세법

1. 공간정보의 구축 및 관리 등에 관한 법령상 지적소관청이 토지소유자에게 지적정리 등을 통지하여야 하는 시기에 대한 설명이다. ( )에 들어갈 내용으로 옳은 것은?

   - 토지의 표시에 관한 변경등기가 필요한 경우
     : 그 (ㄱ)를 접수한 날부터 (ㄴ) 이내
   - 토지의 표시에 관한 변경등기가 필요하지 아니한 경우
     : (ㄷ)에 등록한 날부터 (ㄹ) 이내

   ① ㄱ: 등기완료 통지서, ㄴ: 15일, ㄷ: 지적공부, ㄹ: 7일
   ② ㄱ: 등기완료 통지서, ㄴ: 7일, ㄷ: 지적공부, ㄹ: 15일
   ③ ㄱ: 지적공부, ㄴ: 7일, ㄷ: 등기완료 통지서, ㄹ: 15일
   ④ ㄱ: 지적공부, ㄴ: 10일, ㄷ: 등기완료 통지서, ㄹ: 15일
   ⑤ ㄱ: 지적공부, ㄴ: 15일, ㄷ: 등기완료 통지서, ㄹ: 7일

2. 지적공부에 등록하는 면적에 관한 설명으로 틀린 것은?
   ① 지적도의 축척이 600분의 1인 지역의 토지 면적은 제곱미터 이하 한 자리 단위로 한다.
   ② 지적도의 축척이 1200분의 1인 지역의 1필지 면적이 1제곱미터 미만일 때에는 1제곱미터로 한다.
   ③ 임야도의 축척이 6000분의 1인 지역의 1필지 면적이 1제곱미터 미만일 때에는 1제곱미터로 한다.
   ④ 경계점좌표등록부에 등록하는 지역의 1필지 면적이 0.1제곱미터 미만일 때에는 0.1제곱미터로 한다.
   ⑤ 면적은 토지대장 및 공유지연명부의 등록사항이다.

3. 공간정보의 구축 및 관리 등에 관한 법령상 지적삼각점성과의 등본을 발급받으려는 경우 그 신청기관으로 옳은 것은?
   ① 지적소관청
   ② 시·도지사 또는 지적소관청
   ③ 시·도지사
   ④ 한국국토정보공사
   ⑤ 지적소관청 또는 한국국토정보공사

4. 공간정보의 구축 및 관리 등에 관한 법령상 지적소관청은 축척변경에 따른 청산금의 납부 및 지급이 완료되었을 때 지체 없이 축척변경의 확정공고를 하여야 한다. 이 경우 확정공고에 포함되어야 할 사항으로 틀린 것은?
   ① 축척변경의 목적 및 시행기간
   ② 지적도의 축척
   ③ 토지의 소재 및 지역명
   ④ 축척변경 지번별 조서
   ⑤ 청산금 조서

5. 공간정보의 구축 및 관리 등에 관한 법령상 지목의 구분으로 옳은 것은?
   ① 용수 또는 배수를 위하여 일정한 형태를 갖춘 인공적인 수로·둑 및 그 부속시설물의 부지는 "구거"로 한다.
   ② 교통 운수를 위하여 일정한 궤도 등의 설비와 형태를 갖추어 이용되는 토지와 이에 접속된 차고, 발전시설 등 부속시설물의 부지는 "도로"로 한다.
   ③ 일반 공중의 종교의식을 위하여 예배·법요·설교·제사 등을 하기 위한 교회·사찰·향교 등 건축물의 부지와 이에 접속된 부속시설물의 부지는 "사적지"로 한다.
   ④ 위락, 휴양 등에 적합한 시설물을 종합적으로 갖춘 야영장은 "잡종지"로 한다.
   ⑤ 일반 공중의 보건·휴양 및 정서생활에 이용하기 위한 시설을 갖춘 토지로서 「국토의 계획 및 이용에 관한 법률」에 따라 공원 또는 녹지로 결정·고시된 토지는 "체육용지"로 한다.

6. 공간정보의 구축 및 관리 등에 관한 법령상 지적도의 축척이 500분의 1인 지역에서 신규등록할 1필지의 면적을 측정한 값이 1055.35m²인 경우 토지대장에 등록하는 면적의 결정으로 옳은 것은?
   ① 1055m²
   ② 1056m²
   ③ 1055.3m²
   ④ 1055.4m²
   ⑤ 1055.5m²

7. 공간정보의 구축 및 관리 등에 관한 법령상 도시개발사업 등의 시행자가 그 사업의 착수·변경 및 완료 사실을 지적소관청에 신고하여야 하는 사업으로 틀린 것은?
   ① 「농어촌정비법」에 따른 농어촌정비사업
   ② 「도시 및 주거환경정비법」에 따른 정비사업
   ③ 「체육시설의 설치·이용에 관한 법률」에 따른 체육시설 설치를 위한 토지개발사업
   ④ 「도시개발법」에 따른 도시개발사업
   ⑤ 「지적재조사에 관한 특별법」에 따른 지적재조사사업

8. 공간정보의 구축 및 관리 등에 관한 법령상 공유지연명부와 대지권등록부의 공통된 등록사항을 모두 고른 것은?

> ㄱ. 토지의 고유번호
> ㄴ. 소유권의 지분
> ㄷ. 토지소유자의 성명 및 명칭
> ㄹ. 토지의 소재 및 지번
> ㅁ. 도면번호

① ㄱ, ㄷ, ㄹ
② ㄷ, ㄹ, ㅁ
③ ㄱ, ㄴ, ㄷ, ㄹ
④ ㄱ, ㄴ, ㄷ, ㅁ
⑤ ㄱ, ㄴ, ㄹ, ㅁ

9. 공간정보의 구축 및 관리 등에 관한 법령상 중앙지적위원회의 구성 및 회의 등에 관한 설명으로 옳은 것을 모두 고른 것은?

> ㄱ. 공무원이 중앙지적위원으로서 그 소관 업무와 관련되어 출석하는 경우에는 출석수당과 여비, 그 밖의 실비를 지급하지 않아도 된다.
> ㄴ. 해당 안건의 당사자는 위원에게 공정한 심의·의결을 기대하기 어려운 사정이 있는 경우에는 중앙지적위원회에 기피 신청을 할 수 있고, 중앙지적위원회의 의결로 이를 결정하여야 한다.
> ㄷ. 위원장 및 부위원장을 제외한 위원의 임기는 2년으로 한다.
> ㄹ. 위원이 제척 사유에 해당하는 경우에도 해당 안건의 당사자가 기피신청을 하지 않는다면 스스로 해당 안건의 심의·의결에서 회피(回避)할 필요는 없다.

① ㄱ, ㄴ
② ㄴ, ㄷ
③ ㄱ, ㄴ, ㄷ
④ ㄱ, ㄷ, ㄹ
⑤ ㄴ, ㄷ, ㄹ

10. 공간정보의 구축 및 관리 등에 관한 법령상 지적측량의 측량기간 및 검사기간에 대한 설명이다. ( )에 들어갈 내용으로 옳은 것은?

> 지적측량 의뢰인과 지적측량수행자가 서로 합의하여 따로 기간을 정하는 경우에는 그 기간에 따르되, 전체 기간의 (ㄱ)은/는 측량기간으로, 전체 기간의 (ㄴ)은/는 검사기간으로 본다.

① ㄱ: 2분의 1, ㄴ: 2분의 1
② ㄱ: 3분의 2, ㄴ: 3분의 1
③ ㄱ: 3분의 1, ㄴ: 3분의 2
④ ㄱ: 4분의 3, ㄴ: 4분의 1
⑤ ㄱ: 4분의 1, ㄴ: 4분의 3

11. 공간정보의 구축 및 관리 등에 관한 법령상 축척변경위원회의 심의·의결사항으로 틀린 것은?
① 축척변경 승인에 관한 사항
② 축척변경 시행계획에 관한 사항
③ 지번별 제곱미터당 금액의 결정에 관한 사항
④ 청산금의 산정에 관한 사항
⑤ 청산금의 이의신청에 관한 사항

12. 공간정보의 구축 및 관리 등에 관한 법령상 지상경계점등록부의 등록사항으로 틀린 것은?
① 토지의 소재와 지번
② 공부상 지목과 실제 토지이용 지목
③ 경계점의 위치
④ 경계점의 사진 파일
⑤ 토지의 고유번호

13. 등기필정보에 관한 설명으로 옳은 것은?
① 법정대리인이 등기를 신청하여 본인이 새로운 권리자가 된 경우, 등기필정보는 특별한 사정이 없는 한 본인에게 통지된다.
② 등기절차의 인수를 명하는 판결에 따라 승소한 등기의무자가 단독으로 등기를 신청하는 경우, 등기필정보를 등기소에 제공할 필요가 없다.
③ 등기명의인의 포괄승계인은 등기필정보의 실효신고를 할 수 없다.
④ 승소한 등기의무자가 단독으로 등기신청을 한 경우에는 등기필정보를 등기권리자에게 통지하지 않아도 된다.
⑤ 등기권리자의 채권자가 등기권리자를 대위하여 등기신청을 한 경우, 등기필정보는 그 대위채권자에게 통지된다.

14. 등기관이 용익권의 등기를 하는 경우에 관한 설명으로 옳은 것은?
① 전세권의 존속기간이 만료된 경우, 그 전세권설정등기를 말소하지 않고 동일한 범위를 대상으로 하는 다른 전세권설정등기를 할 수 있다.
② 1필 토지 전부에 지상권설정등기를 하는 경우, 지상권 설정의 범위는 기록할 필요가 없다.
③ 2개의 목적물에 하나의 전세권설정계약으로 전세권설정등기를 하는 경우에는, 공동전세목록을 작성하여야 한다.
④ 승역지의 등기기록에 지역권의 등기를 한 때에는 등기관은 요역지의 등기기록 중 을구에 지역권설정의 목적·범위·승역지의 표시 등을 직권으로 기록하여야 한다.
⑤ 차임이 없이 보증금의 지급만을 내용으로 하는 채권적 전세의 경우, 임차권설정등기기록에 차임 및 임차보증금을 기록하지 않는다.

15. 등기관이 근저당권등기를 하는 경우에 관한 설명으로 틀린 것은?

① 채권자 및 채무자의 성명, 주소 및 주민등록번호를 등기기록에 기록하여야 한다.
② 수용으로 인한 소유권이전등기를 하는 경우, 특별한 사정이 없는 한 그 부동산의 등기기록 중 근저당권등기는 직권으로 말소하여야 한다.
③ 채무자가 수인인 경우라도 채무자별로 채권최고액을 구분하여 기록할 수 없다.
④ 신청정보의 채권최고액이 외국통화로 표시된 경우, 외화표시금액을 채권최고액으로 기록한다.
⑤ 선순위근저당권의 채권최고액을 감액하는 변경등기는 그 저당목적물에 관한 후순위권리자의 승낙서가 첨부되지 않더라도 할 수 있다.

16. 가등기에 관한 설명으로 틀린 것은?

① 가등기로 보전하려는 등기청구권이 정지조건부인 경우에는 가등기를 할 수 있다.
② 가등기는 가등기권리자와 가등기의무자가 공동으로 신청할 수 있다.
③ 가등기상의 권리를 이전하는 경우에는 부기등기로 하여야 한다.
④ 여러 사람의 가등기권리자 중 1인이 자기 지분만에 관한 본등기를 신청할 수 있다.
⑤ 지상권설정등기청구권보전 가등기에 의하여 본등기를 한 경우, 가등기 후 본등기 전에 마쳐진 당해 토지에 대한 저당권설정등기는 직권말소대상이 된다.

17. 등기관의 처분에 대한 이의신청에 관한 설명으로 틀린 것은?

① 등기관의 처분에 대한 이의신청이 있더라도 그 부동산에 대한 다른 등기신청은 수리된다.
② 이의신청은 대법원규칙으로 정하는 바에 따라 관할 지방법원에 이의신청서를 제출하는 방법으로 한다.
③ 등기신청인이 아닌 제3자는 등기신청의 각하결정에 대하여 이의신청을 할 수 없다.
④ 이의신청기간에는 제한이 없으므로 이의의 이익이 있는 한 언제라도 이의신청을 할 수 있다.
⑤ 등기관의 처분시에 주장하거나 제출하지 아니한 새로운 사실을 근거로 이의신청을 할 수 없다.

18. 부동산등기법 제29조 제2호의 '사건이 등기할 것이 아닌 경우'에 해당하는 것을 모두 고른 것은?(다툼이 있으면 판례에 따름)

ㄱ. 「하천법」상 하천에 대한 저당권설정등기신청
ㄴ. 위조한 개명허가서를 첨부한 등기명의인 표시변경등기신청
ㄷ. 가등기에 의한 본등기금지가처분등기신청
ㄹ. 근저당권자와 일부 대위변제자의 매각대금의 배당에 관한 특약사항의 등기신청

① ㄱ   ② ㄱ, ㄴ   ③ ㄷ, ㄹ
④ ㄴ, ㄷ, ㄹ   ⑤ ㄱ, ㄴ, ㄷ, ㄹ

19. 구분건물의 등기에 관한 설명으로 틀린 것은?

① 대지권의 변경이 있는 경우, 구분건물의 소유권의 등기명의인은 1동의 건물에 속하는 다른 구분건물의 소유권의 등기명의인을 대위하여 대지권변경등기를 신청할 수 있다.
② 집합건물의 규약상 공용부분이라는 뜻을 정한 규약을 폐지한 경우, 그 공용부분의 취득자는 소유권이전등기를 신청하여야 한다.
③ 대지권의 표시에 관한 사항은 전유부분의 등기기록 표제부에 기록하여야 한다.
④ 1동의 건물에 속하는 구분건물 중 일부만에 관하여 소유권보존등기를 신청하는 경우에는 나머지 구분건물의 표시에 관한 등기를 동시에 신청하여야 한다.
⑤ 집합건물의 등기기록에 대지권의 등기를 한 경우, 등기관은 그 권리의 목적인 토지의 등기기록 중 해당 구에 대지권이라는 뜻을 직권으로 등기하여야 한다.

20. 소유권등기에 관한 설명으로 틀린 것은?(다툼이 있으면 판례에 따름)

① 특정유증을 받은 자로서 아직 소유권등기를 이전받지 않은 자는 직접 진정명의회복을 원인으로 한 소유권이전등기를 청구할 수 없다.
② 부동산 공유자의 공유지분 포기에 따른 등기는 해당지분에 관하여 다른 공유자 앞으로 소유권이전등기를 하는 형태가 되어야 한다.
③ 미등기 토지에 대한 소유권을 군수의 확인에 의해 증명한 자는 그 토지에 대한 소유권보존등기를 신청할 수 있다.
④ 미등기 건물의 건축물대장상 소유자로부터 포괄유증을 받은 자는 자기명의로 소유권보존등기를 신청할 수 있다.
⑤ 미등기 부동산이 전전양도된 경우, 최후의 양수인이 소유권보존등기를 한 때에도 그 등기가 결과적으로 실질적 법률관계에 부합된다면, 특별한 사정이 없는 한 그 등기는 무효라고 볼 수 없다.

21. 등기신청에 관한 설명으로 틀린 것은?

① 채권자 대위등기를 신청할 때 대위원인을 증명하는 정보를 첨부하여야 한다.
② 지방자치단체도 등기신청의 당사자능력이 인정되므로 읍·면도 등기신청적격이 인정된다.
③ 법인 아닌 사단인 종중이 건물을 매수한 경우, 종중의 대표자는 종중 명의로 소유권이전등기를 신청할 수 있다.
④ 법무사는 매매계약에 따른 소유권이전등기를 매도인과 매수인 쌍방을 대리하여 신청할 수 있다.
⑤ 유증으로 인한 소유권이전등기신청이 상속인의 유류분을 침해하는 내용이라 하더라도 이를 수리하여야 한다.

22. 등기신청을 위한 첨부정보에 관한 설명으로 옳은 것을 모두 고른 것은?

ㄱ. 재외국민에게 등기필정보가 없을 때에는 처분위임장에 등기필정보가 없다는 뜻도 기재하여 공증인의 공증을 받아 제출하여야 한다.
ㄴ. 농지에 대한 소유권이전등기를 신청하는 경우, 등기원인을 증명하는 정보가 집행력 있는 판결인 경우에도 특별한 사정이 없는 한 농지취득자격증명을 첨부하여야 한다.
ㄷ. 1개의 신고필정보에 2개 이상의 부동산이 기록되어 있는 경우에는 각 부동산별로 거래가액을 등기하지 않고 매매목록을 작성한다.
ㄹ. 상속등기를 신청하면서 등기원인을 증명하는 정보로서 상속인 전원이 참여한 공정증서에 의한 상속재산분할협의서를 제공하는 경우, 상속인들의 인감증명을 제출할 필요가 없다.

① ㄱ, ㄴ ② ㄷ, ㄹ ③ ㄱ, ㄴ, ㄷ
④ ㄱ, ㄷ, ㄹ ⑤ ㄴ, ㄷ, ㄹ

23. 부동산등기법상 등기할 수 없는 것을 모두 고른 것은?

ㄱ. 유치권
ㄴ. 지상권을 목적으로 하는 저당권
ㄷ. 주위토지통행권
ㄹ. 지상권

① ㄱ, ㄷ ② ㄴ, ㄹ ③ ㄱ, ㄴ, ㄷ
④ ㄱ, ㄷ, ㄹ ⑤ ㄴ, ㄷ, ㄹ

24. 말소등기에 관한 설명으로 틀린 것은?

① 부동산에 관한 근저당권설정등기의 말소등기를 함에 있어 근저당권 설정 후 소유권이 제3자에게 이전된 경우, 근저당권설정자 또는 제3취득자는 근저당권자와 공동으로 그 말소등기를 신청할 수 있다.
② 말소등기를 신청하는 경우, 그 말소에 대하여 등기상 이해관계 있는 제3자가 있으면 그 제3자의 승낙이 필요하다.
③ 근저당권이 이전된 후 근저당권의 양수인은 근저당권의 양도인과 공동으로 그 근저당권말소등기를 신청할 수 있다.
④ 가등기의무자는 가등기명의인의 승낙을 받아 단독으로 가등기의 말소를 신청할 수 있다.
⑤ 말소된 등기의 회복을 신청하는 경우, 등기상 이해관계 있는 제3자가 있을 때에는 그 제3자의 승낙이 필요하다.

25. 「지방세법」상 재산세의 과세대상과 표준세율 적용에 관한 설명으로 틀린 것은?

① 재산세 과세대상 물건이 공부상 등재 현황과 사실상의 현황이 다른 경우에는 사실상의 현황에 따라 재산세를 부과한다.
② 주택에 대한 재산세는 납세의무자별로 해당 지방자치단체의 관할구역에 있는 주택의 과세표준을 합산하여 주택의 세율을 적용한다.
③ 주택의 부속토지의 경계가 명백하지 아니한 경우에는 그 주택의 바닥면적의 10배에 해당하는 토지를 주택의 부속토지로 한다.
④ 1동(棟)의 건물이 주거와 주거 외의 용도로 사용되고 있는 경우에는 주거용으로 사용되는 부분만을 주택으로 본다.
⑤ 주택에 대한 토지와 건물의 소유자가 다를 경우 해당 주택의 토지와 건물의 가액을 합산한 과세표준에 주택의 세율을 적용한다.

26. 「지방세법」상 재산세 과세표준에 대한 설명이다. 틀린 것은?

① 토지분 재산세 과세표준액을 계산함에 있어서 지방세법이나 기타 법령에 의하여 토지분 재산세가 일정비율만 감면되는 경우에는 그 비율에 해당하는 토지가액을 과세표준에서 공제하여야 한다.
② 지방세법 제110조의2에 따라 1세대 1주택으로 인정되는 주택(시가표준액이 9억원 이하인 주택에 한정한다)에 대해서는 시가표준액이 6억원을 초과하는 경우 시가표준액의 100분의 45로 한다.
③ 고급선박에 대한 재산세의 과세표준은 시가표준액으로 한다.
④ 시가표준액이 6억원을 초과하는 1세대 2주택에 대한 재산세 과세표준은 시가표준액의 100분의 60이다.
⑤ 주택의 재산세 과세표준이 법정 계산식에 따른 과세표준상한액보다 큰 경우에는 해당 주택의 재산세 과세표준은 과세표준상한액으로 한다.

27. 「지방세법」상 재산세의 납세의무자에 관한 설명으로 틀린 것은?

① 공유물 분할등기가 이루어지지 아니한 공유토지 : 지분권자
② 「신탁법」 제2조에 따른 수탁자의 명의로 등기 또는 등록된 신탁재산의 경우 : 수탁자
③ 공부상의 소유자가 매매 등의 사유로 소유권이 변동되었는데도 신고하지 아니하여 사실상의 소유자를 알 수 없을 때 : 공부상 소유자
④ 상속이 개시된 재산으로서 상속등기가 이행되지 아니하고 사실상의 소유자를 신고하지 아니하였을 경우 : 「민법」상 상속지분이 가장 높은 상속자(상속지분이 가장 높은 상속자가 두 명 이상인 경우에는 그중 연장자)
⑤ 국가가 선수금을 받아 조성하는 매매용 토지로서 사실상 조성이 완료된 토지의 사용권을 무상으로 받은 경우 : 그 사용권을 무상으로 받은 자

28. 「소득세법」상 거주자의 부동산임대업에서 발생하는 소득에 관한 설명으로 틀린 것은?(단, 해당 과세기간에 주거용 건물 임대업에서 발생한 총수입금액의 합계액이 2천만원 초과라 가정함)

① 거주자의 보유주택 수를 계산함에 있어서 다가구주택은 1개의 주택으로 보되, 구분등기된 경우에는 각각을 1개의 주택으로 계산한다.
② 3주택(법령에 따른 소형주택 아님)을 소유하는 자가 받은 보증금의 합계액이 2억원인 경우 법령으로 정하는 바에 따라 계산한 간주임대료를 사업소득 총수입금액에 산입한다.
③ 자기소유의 부동산을 타인의 담보로 사용하게 하고 그 사용대가로 받는 것은 사업소득이다.
④ 임대하는 국내소재 1주택의 비과세 여부 판단시 가액은 「소득세법」상 기준시가 12억원을 기준으로 판단한다.
⑤ 2주택(법령에 따른 소형주택 아님)과 2개의 상업용 건물을 소유하는 자가 보증금을 받은 경우 2개의 상업용 건물에 대하여만 법령으로 정하는 바에 따라 계산한 간주임대료를 사업소득 총수입금액에 산입한다.

29. 현행 「소득세법」에서 규정하는 토지의 양도 및 취득의 시기에 관하여 틀린 것은?

① 토지의 양도 및 취득시기는 원칙적으로 토지의 대금을 청산한 날
② 환지처분에 의하여 취득한 토지의 취득시기는 토지의 환지처분을 받은 날
③ 자기가 건설한 건축물에 있어서는 「건축법」 제22조 제2항에 따른 사용승인서 교부일. 다만, 사용승인서 교부일 전에 사실상 사용하거나 같은 조 제3항 제2호에 따른 임시사용승인을 받은 경우에는 그 사실상의 사용일 또는 임시사용승인을 받은 날 중 빠른 날로 하고 건축 허가를 받지 아니하고 건축하는 건축물에 있어서는 그 사실상의 사용일로 한다.
④ 「민법」 제245조 제1항의 규정에 의하여 부동산의 소유권을 취득하는 경우에는 당해 부동산의 점유를 개시한 날
⑤ 장기할부조건의 경우에는 소유권이전등기접수일·인도일 또는 사용수익일 중 빠른 날

30. 「소득세법」상 장기보유특별공제와 양도소득기본공제에 관한 설명으로 틀린 것은?

① 장기보유특별공제액은 해당 자산의 양도차익에 보유기간별 공제율을 곱하여 계산한다.
② 양도소득세가 과세되는 1세대 1주택(보유기간 3년 6개월, 거주기간 1년)을 양도한 경우 장기보유특별공제는 양도차익의 6%를 적용한다.
③ 조정대상지역에 있는 주택으로서 1세대가 주택과 조합원입주권을 각각 1개씩 보유한 경우의 해당 주택(보유기간 3년 6개월, 장기임대주택이 아님)을 양도한 경우 장기보유특별공제는 적용한다.
④ 등기된 비사업용 토지를 양도한 경우 양도소득기본공제를 적용하지 아니한다.
⑤ 양도소득금액에 감면소득금액이 있는 경우에는 그 감면소득금액 외의 양도소득금액에서 먼저 양도소득기본공제를 적용한다.

31. 소득세법령상 국외자산 양도에 대한 양도소득세에 관한 설명으로 옳은 것은?

① 국외자산 양도에 대한 양도소득세 납세의무자는 해당 자산의 양도일까지 계속 10년 이상 국내에 주소를 둔 거주자만 해당한다.
② 외국법인이 발행한 주식의 양도로 발생하는 소득은 국외자산 양도소득의 범위에 포함된다.
③ 국외자산 양도소득이 국외에서 외화를 차입하여 취득한 자산을 양도하여 발생하는 소득으로서 환율변동으로 인하여 외화차입금으로부터 발생하는 환차익을 포함하고 있는 경우에는 해당 환차익을 양도소득의 범위에 포함한다.
④ 국외자산 양도차익을 계산함에 있어서는 양도가액 및 필요경비를 수령하거나 지출한 날 현재 외국환거래법에 의한 기준환율 또는 재정환율에 의하여 계산한다.
⑤ 국외소재 토지로서 보유기간이 3년 이상인 경우 국외자산 양도소득금액 계산시 장기보유특별공제액을 공제한다.

32. 「소득세법」상 거주자의 양도소득세 비과세에 관한 설명으로 틀린 것은?

① 법령의 규정에 따라 경작상 필요에 의해 甲 소유의 A농지(가액 12억원)를 乙 소유의 B농지(가액 10억원)와 교환한 후 새로이 취득한 농지를 3년 이상 농지소재지에서 거주하면서 경작하는 경우 양도소득세가 비과세된다.
② 국내에 1주택을 소유한 1세대가 종전의 주택을 양도하기 전에 신규 주택을 취득함으로써 일시적으로 2주택이 된 경우 종전의 주택을 취득한 날부터 1년 이상이 지난 후 신규 주택을 취득하고 신규 주택을 취득한 날부터 5년 이내에 종전의 주택을 양도하는 경우에는 이를 1세대 1주택으로 보아 소득세법시행령 제154조 제1항을 적용한다.
③ 소유하고 있던 공부상 주택인 1세대 1주택을 거주용이 아닌 영업용 건물(점포·사무소 등)로 사용하다가 양도하는 때에는 1세대 1주택으로 보지 아니한다.
④ 1세대 1주택을 분할하여 양도하거나 이에 부수되는 토지로서 건물이 정착되지 아니한 부분만을 분할하여 양도하는 경우에는 이를 1세대 1주택과 이에 부수되는 토지로 보지 아니한다.
⑤ 법원의 결정에 의하여 양도 당시 취득에 관한 등기가 불가능한 미등기주택은 양도소득세 비과세가 배제되는 미등기양도자산에 해당하지 않는다.

33. 다음은 양도소득세의 우회양도부인에 대한 설명이다. 틀린 것은?(다만, 2023년 1월 1일 이후 증여로 가정함)

① 거주자가 특수관계인(이월과세를 적용받는 배우자 및 직계존비속의 경우는 제외)에게 자산을 증여한 후 그 자산을 증여받은 자가 그 증여일부터 10년 이내에 다시 타인에게 양도한 경우로서 증여받은 자의 증여세와 양도소득세를 합한 세액이 증여자가 직접 양도하는 경우로 보아 계산한 양도소득세보다 적은 경우에는 증여자가 그 자산을 직접 양도한 것으로 본다.
② 부당행위계산 대상 자산은 세법에 열거된 양도세 과세대상 자산인 모든 자산을 말한다.
③ 증여 후 양도행위의 부인규정에 따라 증여자에게 양도소득세가 과세되는 경우에는 당초 증여받은 자산에 대해서는 상속세 및 증여세법의 규정에도 불구하고 증여세를 부과하지 않는다.
④ 증여자가 직접 양도한 것으로 보는 경우 그 양도소득세에 대해서는 증여자와 증여받은 자는 연대납세의무가 없다.
⑤ 10년 이내 양도한 자산의 양도대금이 실질적으로 수증자에게 귀속되는 경우에는 부당행위계산부인대상에서 제외한다.

34. 「소득세법」상 거주자의 양도소득세에 관한 설명으로 틀린 것은?(단, 국내소재 부동산의 양도임)

① A법인과 특수관계에 있는 주주가 시가 3억원(「법인세법」 제52조에 따른 시가임)의 토지를 A법인에게 5억원에 양도한 경우 양도가액은 3억원으로 본다. 단, A법인은 이 거래에 대하여 세법에 따른 처리를 적절하게 하였다.
② 1세대 1주택 비과세 요건을 충족하는 고가주택의 양도가액이 15억원이고 양도차익이 5억원인 경우 양도소득세가 과세되는 양도차익은 1억원이다.
③ 거주자 甲이 국내소재 1세대 1주택을 4년 6개월 보유·거주한 후 15억원에 양도한 경우 양도차익은 87,900,000원이다(취득가액은 확인 불가능하고 양도당시 기준시가는 5억원, 취득당시 기준시가는 3억 5천만원이며 주어진 자료 외는 고려하지 않는다).
④ 거주자 甲이 2019년 1월 20일에 취득한 건물을 甲의 배우자 乙에게 2023년 3월 5일자로 증여한 후, 乙이 2025년 5월 20일에 甲·乙의 특수관계인이 아닌 丙에게 양도한 경우 乙이 납부한 증여세는 양도소득세 납부세액 계산시 세액공제된다.
⑤ 「국토의 계획 및 이용에 관한 법률」에 따른 주거지역·상업지역·공업지역 외에 있는 농지(환지예정지 아님)를 경작상 필요에 의하여 교환함으로써 발생한 소득은 쌍방 토지가액의 차액이 가액이 큰 편의 4분의 1 이하이고 새로이 취득한 농지를 3년 이상 농지소재지에 거주하면서 경작하는 경우 비과세한다.

35. 「지방세법」상 취득세가 과세되는 경우를 설명한 것 중 틀린 것은 몇 개인가?

> ㄱ. 부동산의 취득은 「민법」 등 관계 법령에 따른 등기를 하지 아니한 경우라도 사실상 취득하면 취득한 것으로 본다.
> ㄴ. 건물을 신축한 경우 과세표준은 사실상 취득가격이며 표준세율은 1천분의 28을 적용한다.
> ㄷ. 건물을 개수한 경우 과세표준은 사실상 취득가격이며 세율은 중과기준세율을 적용한다(개수로 인하여 건축물 면적이 증가하지 아니함).
> ㄹ. 토지의 지목을 사실상 변경함으로써 그 가액이 증가한 경우에 취득으로 보지 아니한다.
> ㅁ. 법인설립시에 발행하는 주식 또는 지분을 취득함으로써 과점주주가 된 경우에는 취득으로 보지 아니한다.

① 1개 ② 2개 ③ 3개 ④ 4개 ⑤ 5개

36. 「지방세법」상 취득세의 부과·징수에 관한 설명으로 옳은 것은?

① 상속으로 취득세 과세물건을 취득한 자는 상속개시일부터 6개월(외국에 주소를 둔 상속인이 있는 경우에는 각각 9개월) 이내에 그 과세표준에 세율을 적용하여 산출한 세액을 신고하고 납부하여야 한다.

② 취득세 과세물건을 취득한 자가 재산권의 취득에 관한 사항을 등기하는 경우 등기한 후 60일 내에 취득세를 신고·납부하여야 한다.

③ 취득세 과세물건을 취득한 후 중과세 세율 적용대상이 되었을 경우 60일 이내에 산출 세액에서 이미 납부한 세액(가산세 포함)을 공제하여 신고·납부하여야 한다.

④ 취득세가 경감된 과세물건이 추징대상이 된 때에는 그 사유 발생일부터 30일 이내에 그 산출세액에서 이미 납부한 세액(가산세 포함)을 공제한 세액을 신고하고 납부하여야 한다.

⑤ 취득세 납세의무자가 신고 또는 납부의무를 다하지 아니하면 산출세액 또는 그 부족세액에 「지방세기본법」의 규정에 따라 산출한 가산세를 합한 금액을 세액으로 하여 보통징수의 방법으로 징수한다.

37. 「지방세법」상 등록면허세에 관한 설명으로 틀린 것은 몇 개인가?

> ㄱ. 등록면허세 신고서상 금액과 공부상 금액이 다를 경우 공부상 금액을 과세표준으로 한다.
> ㄴ. 지방세의 체납으로 인하여 압류의 등기를 한 재산에 대하여 압류해제의 등기를 할 경우 등록면허세가 비과세된다.
> ㄷ. 같은 채권의 담보를 위하여 설정하는 둘 이상의 저당권을 등록하는 경우에는 이를 하나의 등록으로 보아 그 등록에 관계되는 재산을 처음 등록하는 등록관청 소재지를 납세지로 한다.
> ㄹ. 지상권 등기의 경우에는 특별징수의무자가 징수할 세액을 납부기한까지 부족하게 납부하면 특별징수의무자에게 과소납부분 세액의 100분의 1을 가산세로 부과한다.
> ㅁ. 지방자치단체의 장은 채권자대위자의 부동산의 등기에 대한 등록면허세 신고납부가 있는 경우 납세의무자에게 그 사실을 즉시 통보하여야 한다.

① 0개 ② 1개 ③ 2개 ④ 3개 ⑤ 4개

38. 거주자인 개인 甲은 국내에 주택 2채(다가구주택 아님) 및 상가건물 1채를 각각 보유하고 있다. 甲의 재산세 및 종합부동산세에 관한 설명으로 옳은 것은?(단, 甲의 주택은 「종합부동산세법」상 합산배제주택에 해당하지 아니하며, 지방세관계법상 재산세 특례 및 감면은 없음)

① 甲의 주택에 대한 종합부동산세가 20만원을 초과하는 경우 납기는 2분의 1은 7월 16일부터 7월 31일까지이고 나머지 2분의 1은 9월 16일부터 9월 30일까지이다.

② 甲의 상가건물에 대한 재산세는 시가표준액을 과세표준으로 하여 비례세율을 과세한다.

③ 납세자에게 부정행위가 없으며 특례제척기간에 해당하지 않는 경우, 원칙적으로 납세의무 성립일부터 5년이 지나면 재산세를 부과할 수 없다.

④ 주택분 종합부동산세액에서 공제되는 재산세액은 재산세 표준세율의 100분의 50의 범위에서 가감된 세율이 적용된 경우에는 그 세율이 적용되기 전의 세액으로 한다.

⑤ 종합부동산세 납부할 세액이 800만원인 경우, 250만원을 초과하는 세액의 50% 이하의 금액을 납부기한이 지난 날부터 6개월 이내에 분납할 수 있다.

39. 「국세기본법」상 국세의 우선권에 관한 설명이다. 틀린 것은?

① 과세표준과 세액의 신고에 따라 납세의무가 확정되는 국세의 경우 신고한 해당 세액의 법정기일은 법정신고납부기한의 다음 날이다.

② 강제집행에 따라 재산을 매각할 때 그 매각금액 중에서 국세 및 강제징수비를 징수하는 경우, 그 강제집행에 든 비용은 국세 및 강제징수비에 우선하여 변제된다.

③ 국세의 법정기일 전에 전세권이 설정된 재산을 매각하여 그 매각금액에서 해당 국세를 징수하는 경우, 그 전세권에 의하여 담보된 채권은 국세 및 강제징수비보다 우선하여 변제된다.

④ 국세 강제징수에 따라 납세자의 재산을 압류한 경우에 다른 국세 및 강제징수비의 교부청구가 있으면, 압류와 관계되는 국세 및 강제징수비는 교부청구된 다른 국세 및 강제징수비보다 우선하여 징수한다.

⑤ 납세담보물을 매각하였을 때에는 그 국세 및 강제징수비는 매각대금 중에서 다른 국세 및 강제징수비와 지방세에 우선하여 징수한다.

40. 납세의무의 승계와 연대납세의무에 관한 다음 설명 중 틀린 것은?

① 피상속인에게 한 처분 또는 절차는 납세의무를 승계한 상속인에 대해서도 효력이 있다.

② 상속인이 2명 이상일 때에는 각 상속인은 피상속인의 국세 및 강제징수비를 그 상속분(또는 상속으로 받은 재산가액 비율)에 따라 나누어 각각 별도로 납세의무를 승계한다.

③ 합병에 의해 소멸하는 법인의 국세 및 강제징수비는 별도의 한도 없이 합병법인에게 승계된다.

④ 연대납세의무자 중 1인이 그 일부를 납부했을 경우 다른 연대납세의무자는 그 납부한 한도 내에서 납세의무는 소멸된다.

⑤ 연대납세의무에 관하여 다른 세법에 특례규정이 있는 경우에는 그 특례규정을 먼저 적용한다.

수고하셨습니다.
당신의 합격을 응원합니다.

www.pmg.co.kr

박문각 공인중개사

2025년도 제36회 시험대비 THE LAST 모의고사
박윤모 & 정석진 부동산공시법·부동산세법

회차	문제수	시험과목
3회	40	부동산공시법·부동산세법

수험번호		성명	

【수험자 유의사항】

1. 시험문제지의 **총면수, 문제번호, 일련순서, 인쇄상태** 등을 확인하시고, 문제지 표지에 수험번호와 성명을 기재하시기 바랍니다.
2. 답은 각 문제마다 요구하는 **가장 적합하거나 가까운 답 1개**만 선택하고, 답안카드 작성 시 시험문제지 **마킹착오**로 인한 불이익은 전적으로 **수험자에게 책임**이 있음을 알려드립니다.
3. 답안카드는 국가전문자격 공통 표준형으로 문제번호가 1번부터 125번까지 인쇄되어 있습니다. 답안 마킹 시에는 반드시 **시험문제지의 문제번호와 동일한 번호**에 마킹하여야 합니다.
4. **감독위원의 지시에 불응하거나 시험시간 종료 후 답안카드를 제출하지 않을 경우** 불이익이 발생할 수 있음을 알려드립니다.
5. 시험문제지는 시험 종료 후 가져가시기 바랍니다.
6. 답안작성은 **시험시행일 현재 시행되는 법령 등**을 적용하시기 바랍니다.
7. 가답안 의견제시에 대한 개별회신 및 공고는 하지 않으며, **최종 정답 발표로 갈음**합니다.
8. 시험 중 **중간 퇴실은 불가**합니다. 단, 부득이하게 퇴실할 경우 **시험 포기각서 제출 후 퇴실은 가능**하나 **재입실이 불가**하며, **해당시험은 무효처리됩니다.**

박문각은 여러분의 제36회 공인중개사 시험 합격을 진심으로 응원합니다!

부동산공시에 관한 법령 및 부동산 관련 세법

1. 공간정보의 구축 및 관리 등에 관한 법령상 지적도 및 임야도의 등록사항을 모두 고른 것은?

> ㄱ. 지적기준점 및 공공기준점의 위치
> ㄴ. 건축물 및 구조물 등의 위치
> ㄷ. 도곽선(圖廓線)과 그 수치
> ㄹ. 토지의 고유번호
> ㅁ. 좌표에 의하여 계산된 경계점 간의 거리(경계점좌표등록부를 갖춰 두는 지역으로 한정)

① ㄱ, ㄷ, ㄹ   ② ㄴ, ㄷ, ㅁ   ③ ㄴ, ㄹ, ㅁ
④ ㄱ, ㄴ, ㄷ, ㅁ   ⑤ ㄱ, ㄴ, ㄷ, ㄹ, ㅁ

2. 공간정보의 구축 및 관리 등에 관한 법령상 지적측량의 적부심사 등에 관한 설명으로 옳은 것은?

① 지적측량 적부심사청구를 받은 시·도지사는 30일 이내에 다툼이 되는 지적측량의 경위 및 그 성과, 해당 토지에 대한 토지이동 및 소유권 변동 연혁, 해당 토지 주변의 측량기준점, 경계, 주요 구조물 등 현황 실측도를 조사하여 지방지적위원회에 회부하여야 한다.
② 시·도지사는 지방지적위원회의 지적측량 적부심사 의결서를 받은 날부터 5일 이내에 지적측량 적부심사 청구인 및 이해관계인에게 그 의결서를 통지하여야 한다.
③ 의결서를 받은 자가 지방지적위원회의 의결에 불복하는 경우에는 그 의결서를 받은 날부터 90일 이내에 시·도지사를 거쳐 중앙지적위원회에 재심사를 청구할 수 있다.
④ 지적측량 적부심사청구를 회부받은 지방지적위원회는 부득이한 경우가 아닌 경우 그 심사청구를 회부받은 날부터 90일 이내에 심의·의결하여야 한다.
⑤ 지방지적위원회는 부득이한 경우에 심의기간을 해당 지적위원회의 의결을 거쳐 60일 이내에서 한 번만 연장할 수 있다.

3. 甲토지에 乙토지를 합병하여 토지의 합필등기를 신청하고자 한다. 합필등기를 할 수 없는 것은?

① 甲토지와 乙토지 모두에 등기법 제81조 제1항의 등기사항이 같은 신탁등기가 있는 경우
② 甲토지에는 전세권설정등기, 乙토지에는 임차권설정등기가 있는 경우
③ 甲토지와 乙토지에 모두 가압류등기가 있고, 등기원인 및 그 연월일과 접수번호가 서로 같은 경우
④ 甲토지와 乙토지에 모두 근저당권설정등기가 있고, 등기원인 및 그 연월일과 접수번호가 서로 같은 경우
⑤ 甲토지와 乙토지 모두에 등기원인 및 그 연월일과 접수번호가 동일한 전세권등기가 있는 경우

4. 공간정보의 구축 및 관리 등에 관한 법령상 지적소관청이 토지소유자에게 지적정리 등을 통지하여야 하는 경우로 틀린 것은?

① 「민법」 제404조에 따른 채권자가 대위하여 지적소관청이 등록한 경우
② 지적소관청이 직권으로 조사·측량하여 지적공부에 등록하는 지번·지목·면적·경계 또는 좌표를 결정하여 등록한 경우
③ 지적공부의 등록사항에 잘못이 있음을 발견하여 지적소관청이 직권으로 조사·측량하여 정정 등록한 경우
④ 지번부여지역의 일부가 행정구역의 개편으로 다른 지번부여지역에 속하게 되어 지적소관청이 새로 속하게 된 지번부여지역의 지번을 부여하여 등록한 경우
⑤ 도시개발사업 시행지역에 있는 토지로서 그 사업 시행에서 제외된 토지의 축척을 지적소관청이 변경하여 등록한 경우

5. 공간정보의 구축 및 관리 등에 관한 법령상 공유지연명부와 대지권등록부의 공통 등록사항을 모두 고른 것은?

> ㄱ. 토지의 고유번호
> ㄴ. 대지권 비율
> ㄷ. 소유자의 성명 또는 명칭, 주소 및 주민등록번호
> ㄹ. 소유권의 지분
> ㅁ. 전유부분 건물표시

① ㄱ, ㄷ, ㄹ   ② ㄱ, ㄷ, ㅁ   ③ ㄴ, ㄷ, ㄹ
④ ㄱ, ㄴ, ㄹ, ㅁ   ⑤ ㄴ, ㄷ, ㄹ, ㅁ

6. 공간정보의 구축 및 관리 등에 관한 법령상 축척변경위원회의 구성과 회의 등에 관한 설명으로 옳은 것을 모두 고른 것은?

> ㄱ. 축척변경위원회의 위원은 해당 축척변경 시행지역의 토지소유자로서 지역 사정에 정통한 사람과 지적에 관한 전문지식을 가진 사람 중에서 지적소관청이 위촉한다.
> ㄴ. 축척변경위원회는 5명 이상 10명 이하의 위원으로 구성하되, 위원의 3분의 2 이상을 토지소유자로 하여야 한다. 이 경우 그 축척변경 시행지역의 토지소유자가 5명 이하일 때에는 토지소유자 전원을 위원으로 위촉하여야 한다.
> ㄷ. 축척변경위원회의 회의는 위원장을 포함한 재적위원 과반수의 출석으로 개의(開議)하고, 출석위원 과반수의 찬성으로 의결한다.

① ㄱ   ② ㄴ   ③ ㄱ, ㄷ
④ ㄴ, ㄷ   ⑤ ㄱ, ㄴ, ㄷ

7. 공간정보의 구축 및 관리 등에 관한 법령상 지적공부의 보존 등에 관한 설명으로 옳은 것을 모두 고른 것은?

> ㄱ. 지적공부를 정보처리시스템을 통하여 기록·저장한 경우 관할 시·도지사, 시장·군수 또는 구청장은 그 지적공부를 지적정보관리체계에 영구히 보존하여야 한다.
> ㄴ. 지적소관청은 천재지변이나 그 밖에 이에 준하는 재난을 피하기 위하여 필요한 경우에는 지적공부를 해당 청사 밖으로 반출할 수 있다.
> ㄷ. 지적도면은 지번부여지역별로 도면번호순으로 보관하되, 각 장별로 보호대에 넣어야 한다.
> ㄹ. 카드로 된 토지대장·임야대장 등은 200장 단위로 바인더(binder)에 넣어 보관하여야 한다.

① ㄱ, ㄷ　② ㄴ, ㄷ　③ ㄷ, ㄹ
④ ㄱ, ㄴ, ㄷ　⑤ ㄱ, ㄴ, ㄹ

8. 공간정보의 구축 및 관리 등에 관한 법령상 지상 경계의 결정기준에 관한 설명으로 틀린 것을 모두 고른 것은? (단, 지상 경계의 구획을 형성하는 구조물 등의 소유자가 다른 경우는 제외함)

> ㄱ. 연접되는 토지 간에 높낮이 차이가 있는 경우 : 그 구조물 등의 상단부
> ㄴ. 연접되는 토지 간에 높낮이 차이가 없는 경우 : 그 구조물 등의 중앙
> ㄷ. 공유수면매립지의 토지 중 제방 등을 토지에 편입하여 등록하는 경우 : 바깥쪽 어깨부분
> ㄹ. 토지가 해면 또는 수면에 접하는 경우 : 최대만조위 또는 최대만수위가 되는 선
> ㅁ. 도로·구거 등의 토지에 절토(切土)된 부분이 있는 경우 : 그 경사면의 하단부

① ㄱ, ㄴ　② ㄱ, ㅁ　③ ㄴ, ㄷ
④ ㄷ, ㄹ　⑤ ㄹ, ㅁ

9. 공간정보의 구축 및 관리 등에 관한 법령상 지적측량을 실시하여야 하는 경우로 틀린 것은?

① 바다가 된 토지의 등록을 말소하는 경우로서 측량을 할 필요가 있는 경우
② 지적기준점을 정하는 경우로서 측량을 할 필요가 있는 경우
③ 경계점을 지상에 복원하는 경우로서 측량을 할 필요가 있는 경우
④ 지상건축물 등의 현황을 연속지적도에 표시하는 경우로서 측량을 할 필요가 있는 경우
⑤ 지적공부의 등록사항을 정정하는 경우로서 측량을 할 필요가 있는 경우

10. 공간정보의 구축 및 관리 등에 관한 법령상 지적공부의 복구에 관한 설명으로 틀린 것은?

① 복구자료도에 따라 측정한 면적과 지적복구자료 조사서의 조사된 면적의 증감이 허용범위를 초과하는 경우에는 복구측량을 하여야 한다.
② 토지대장·임야대장 또는 공유지연명부는 복구되고 지적도면이 복구되지 아니한 토지가 축척변경 시행지역이나 도시개발사업 등의 시행지역에 편입된 때에는 지적도면을 복구하지 아니할 수 있다.
③ 지적소관청은 복구자료의 조사 또는 복구측량 등이 완료되어 지적공부를 복구하려는 경우에는 복구하려는 토지의 표시 등을 시·군·구 게시판 및 인터넷 홈페이지에 15일 이상 게시하여야 한다.
④ 복구측량을 한 결과가 복구자료와 부합하지 않아서 경계 또는 면적 등을 조정하는 경우에는 이해관계 있는 제3자의 동의를 받을 필요가 없다.
⑤ 지적소관청은 조사된 복구자료 중 토지대장·임야대장 등에 따라 지적복구자료조사서를 작성하고, 지적도면의 등록 내용을 증명하는 서류 등에 따라 복구자료도를 작성하여야 한다.

11. 공간정보의 구축 및 관리 등에 관한 법령상 지적도의 축척에 해당하는 것을 모두 고른 것은?

> ㄱ. 1/600　ㄴ. 1/1,000　ㄷ. 1/2,000
> ㄹ. 1/2,500　ㅁ. 1/3,000

① ㄱ, ㄷ　② ㄷ, ㄹ　③ ㄱ, ㄴ, ㅁ
④ ㄴ, ㄷ, ㄹ　⑤ ㄴ, ㄷ, ㄹ, ㅁ

12. 공간정보의 구축 및 관리 등에 관한 법령상 지목의 구분에 관한 설명으로 틀린 것은?

① 일반 공중의 보건·휴양 및 정서생활에 이용하기 위한 시설을 갖춘 토지로서 「국토의 계획 및 이용에 관한 법률」에 따라 공원 또는 녹지로 결정·고시된 토지는 "공원"으로 한다.
② 바닷물을 끌어들여 소금을 채취하기 위하여 조성된 토지와 이에 접속된 제염장(製鹽場) 등 부속시설물의 부지는 "염전"으로 한다.
③ 용수(用水) 또는 배수(排水)를 위하여 일정한 형태를 갖춘 인공적인 수로·둑 및 그 부속시설물의 부지와 자연의 유수(流水)가 있거나 있을 것으로 예상되는 소규모 수로부지는 "구거"로 한다.
④ 조수·자연유수(自然流水)·모래·바람 등을 막기 위하여 설치된 방조제·방수제·방사제·방파제 등의 부지는 "제방"으로 한다.
⑤ 자동차·선박·기차 등의 제작 또는 정비공장 안에 설치된 급유·송유시설 등의 부지는 "주유소용지"로 한다.

13. 등기의 효력에 관한 설명으로 옳은 것은?(다툼이 있으면 판례에 따름)

① 등기신청은 대법원규칙으로 정하는 등기신청정보가 전산정보처리조직에 저장된 때 접수된 것으로 본다.
② 소유권이전등기청구권 보전을 위한 가등기권리자는 그 본등기를 명하는 판결이 확정된 경우 가등기된 부동산에 경료된 무효인 중복 소유권보존등기의 말소를 청구할 수 있다.
③ 소유권보존등기의 등기명의인은 제3자뿐만 아니라 그 전 명의인에 대해서도 적법한 원인에 의하여 소유권을 취득한 것으로 추정한다.
④ 소유권이전등기청구권 보전을 위한 가등기에 기한 본등기가 된 경우 소유권이전의 효력은 가등기시에 발생한다.
⑤ 사망자 명의의 신청으로 마쳐진 이전등기에 대해서는 그 등기의 무효를 주장하는 자가 현재의 실체관계와 부합하지 않음을 증명할 책임이 있다.

14. 부동산등기법상 등기의 당사자능력에 관한 설명으로 틀린 것은?

① 동(洞) 명의로 동민들이 법인 아닌 사단을 설립한 경우에는 그 대표자가 동 명의로 등기신청을 할 수 있다.
② 민법상 조합 명의로 등기를 신청할 수는 없으므로, 조합원 전원 명의로 합유등기를 신청할 수 있을 뿐이다.
③ 특별법에 의하여 설립된 수산업협동조합의 부동산은 수산업협동조합 명의로 직접 등기할 수 있다.
④ 법인 아닌 사단에 속하는 부동산에 관한 등기는 그 대표자 명의로 신청하여야 한다.
⑤ 지방자치단체는 등기신청의 당사자능력이 있다.

15. 등기관의 처분에 대한 이의신청에 관한 설명으로 틀린 것은?

① 등기관의 처분에 대한 이의신청이 있더라도 그 부동산에 대한 다른 등기신청은 수리된다.
② 이의신청은 대법원규칙으로 정하는 바에 따라 관할 지방법원에 이의신청서를 제출하는 방법으로 한다.
③ 이의신청기간에는 제한이 없으므로 이의의 이익이 있는 한 언제라도 이의신청을 할 수 있다.
④ 등기신청인이 아닌 제3자는 등기신청의 각하결정에 대하여 이의신청을 할 수 없다.
⑤ 등기관의 처분시에 주장하거나 제출하지 아니한 새로운 사실을 근거로 이의신청을 할 수 없다.

16. 소유권에 관한 등기의 설명으로 옳은 것을 모두 고른 것은?

> ㄱ. 등기원인을 증명하는 서면이 집행력 있는 판결인 때에도 제3자의 허가, 동의 또는 승낙을 증명하는 정보를 등기소에 제공하여야 한다.
> ㄴ. 신청정보에 제3자의 허가, 동의 또는 승낙을 증명하는 서면을 첨부정보로 등기소에 제공하는 대신 신청정보에 기명, 날인하는 것으로 갈음할 수 있다.
> ㄷ. 등기원인에 대하여 행정관청의 동의, 승낙을 받을 것이 요구되는 소유권이전등기를 신청할 때에는 판결서에 해당 허가서 등의 현존사실이 기재되어 있어도 이 서면을 첨부정보로 등기소에 제공하여야 한다.
> ㄹ. 공유물분할금지약정이 등기된 경우, 그 약정의 변경등기는 공유자 중 1인이 단독으로 신청할 수 있다.

① ㄱ, ㄴ
② ㄱ, ㄷ
③ ㄴ, ㄷ
④ ㄴ, ㄹ
⑤ ㄷ, ㄹ

17. 甲은 乙과 乙 소유 A건물 전부에 대해 전세금 5억원, 기간 2년으로 하는 전세권설정계약을 체결하고 공동으로 전세권설정등기를 신청하였다. 이에 관한 설명으로 틀린 것은?

① 건물전세권의 존속기간이 만료되어 법정갱신이 된 경우, 그 전세권에 대한 저당권설정등기를 하기 위해서는 존속기간 연장을 위한 변경등기를 먼저 하여야 한다.
② 등기관은 전세금과 설정범위를 기록하여야 한다.
③ 전세권설정등기가 된 후에 乙과 丙이 A건물의 일부에 대한 전전세계약에 따라 전전세등기를 신청하는 경우, 그 부분을 표시한 건물도면을 첨부정보로 등기소에 제공하여야 한다.
④ 등기관은 존속기간을 기록하여야 한다.
⑤ 전세권이 소멸하기 전에, 甲과 丙은 전세금반환채권의 일부양도에 따른 전세권일부이전등기를 신청할 수 있다.

23. 부동산등기법상 신탁등기에 관한 설명으로 옳은 것을 모두 고른 것은?

> ㄱ. 주무관청이나 법원이 수탁자를 해임한 경우에는 촉탁에 의해서 신탁원부를 변경기재한 후 새로 선임된 수탁자가 단독으로 수탁자 경질을 원인으로 한 소유권이전등기를 신청한다.
> ㄴ. 신탁재산이 수탁자의 고유재산이 되었을 때에는 그 뜻의 등기를 부기등기로 하여야 한다.
> ㄷ. 수탁자의 변경으로 인한 이전등기를 한 경우 등기관은 직권으로 신탁원부 기록의 변경등기를 하여야 한다.
> ㄹ. 신탁등기가 경료된 토지에 대하여 수탁자를 등기의무자로 하는 임차권설정등기의 신청이 있는 경우 위탁자의 동의가 있으면 그 등기신청이 신탁목적에 반하더라도 이를 수리할 수 있다.

① ㄱ, ㄴ ② ㄱ, ㄷ ③ ㄷ, ㄹ
④ ㄱ, ㄴ, ㄷ ⑤ ㄱ, ㄷ, ㄹ

24. 가등기에 관한 설명으로 틀린 것은?

① 저당권설정등기청구권보전 가등기에 의한 본등기를 한 경우 가등기 후 본등기 전에 마쳐진 전세권설정등기는 직권말소의 대상이 아니다.
② 가등기권리자는 가등기를 명하는 법원의 가처분명령이 있는 경우에는 단독으로 가등기를 신청할 수 있다.
③ 근저당권 채권최고액의 변경등기청구권을 보전하기 위해 가등기를 할 수 있다.
④ 가등기에 의한 본등기(本登記)를 한 경우 본등기의 순위는 가등기의 순위에 따른다.
⑤ 등기관이 소유권이전등기청구권보전 가등기에 의한 본등기를 한 경우, 가등기 후 본등기 전에 마쳐진 가등기권자에게 대항할 수 있는 주택임차권등기는 직권으로 말소한다.

25. 다음 중 양도소득세 과세대상인 '양도'의 개념 중 잘못된 것은?

① 적법하게 소유권이 이전된 매매계약이 당사자간의 해제를 원인으로 당초 소유자 명의로 소유권이 환원된 경우에는 양도에 해당한다.
② 타인의 채무보증을 목적으로 담보로 제공된 부동산이 채무불이행으로 변제에 충당되는 때에는 양도에 해당한다.
③ 공유토지를 공유자 지분변경 없이 2개 이상의 공유토지로 분할한 때에는 양도로 보지 아니하며, 분할한 그 공유토지를 소유지분별로 재분할하는 경우에도 양도로 보지 아니한다.
④ 매매계약 체결 후 잔금청산 전 매매계약의 해제로 원소유자에게 소유권을 환원한 경우에는 양도로 보지 아니한다.
⑤ 「도시개발법」이나 그 밖의 법률에 따른 환지처분으로 인하여 지번 또는 지목이 변경된 경우 양도에 해당하고 환지처분 받은 부동산을 양도한 경우 양도로 보지 아니한다.

26. 거주자 甲이 양도한 자산에 관한 다음 자료에 따른 자산별 양도차익은?(단, 주어진 자료 외의 다른 사항은 고려하지 않음)

(단위: 원)

구 분		주택(미등기)	토 지
취득일		2016.5.30.	2021.4.19.
양도일		2025.7.20.	2025.9.10.
취득당시	실지거래가액	-	-
	매매사례가액	287,000,000	-
	감정가액	280,000,000	-
	기준시가	180,000,000	30,000,000
양도당시	실지거래가액	500,000,000	-
	매매사례가액	410,000,000	50,000,000
	감정가액	400,000,000	-
	기준시가	300,000,000	60,000,000
자본적지출·양도비		8,000,000	3,000,000

① 주택 149,460,000원, 토지 22,000,000원
② 주택 199,460,000원, 토지 22,000,000원
③ 주택 199,460,000원, 토지 24,100,000원
④ 주택 207,600,000원, 토지 24,100,000원
⑤ 주택 212,460,000원, 토지 24,100,000원

27. 「소득세법」상 미등기양도자산에 관한 설명으로 틀린 것은?

① 미등기양도자산이란 토지·건물 및 부동산에 관한 권리를 취득한 자가 그 자산 취득에 관한 등기를 하지 아니하고 양도하는 것을 말한다.
② 미등기양도자산에 대하여는 양도소득에 대한 소득세의 비과세에 관한 규정을 적용하지 아니한다.
③ 법률의 규정 또는 법원의 결정에 의하여 양도당시 그 자산의 취득에 관한 등기가 불가능한 자산은 미등기양도제외자산의 범위에 속한다.
④ 상가 건물로서 「건축법」에 의한 건축허가를 받지 아니하여 등기가 불가능한 자산은 미등기양도자산에서 제외한다.
⑤ 「조세특례제한법」상 8년 이상 자경농지에 대한 양도소득세의 감면을 받는 토지는 미등기양도자산에서 제외한다.

18. 乙은 甲에 대한 동일한 채무의 담보를 위한 자신 소유의 A와 B부동산에 甲 명의의 저당권설정등기를 하였다. 그 후 A부동산에는 丙 명의의 후순위 저당권설정등기가 되었다. 이에 관한 설명으로 틀린 것은?

① 丙이 乙의 채무의 일부를 甲에게 변제하여 그 대위변제를 이유로 저당권 일부이전등기가 신청된 경우, 등기관은 변제액을 기록하여야 한다.
② 乙이 변제하지 않아 甲이 우선 A부동산을 경매하여 변제받은 경우, 丙은 후순위저당권자로서 대위등기를 할 때 '甲이 변제받은 금액'과 '매각대금'을 신청정보의 내용으로 제공하여야 한다.
③ 乙이 甲에 대한 동일한 채무를 담보하기 위해 추가로 C부동산에 대한 저당권설정등기를 신청한 경우, 등기관은 C부동산의 등기기록에는 그 등기의 끝부분에 공동담보라는 뜻을 기록하고, A, B부동산의 등기기록에는 해당등기에 부기등기로 그 뜻을 기록하여야 한다.
④ 丙이 후순위저당권자로서 대위등기를 할 경우, 甲이 등기의무자가 되고 丙이 등기권리자가 되어 공동으로 신청하여야 한다.
⑤ 甲에 대한 乙의 채무가 증액되어 C, D 및 E부동산이 담보로 추가된 경우, 이때 공동담보목록은 전자적으로 작성하고 매 분기별로 그 번호를 새로 부여하여야 한다.

19. 부동산등기에 관한 설명으로 틀린 것은?
① 멸실한 건물이 구분건물인 경우에는 등기기록 중 표제부에 멸실의 뜻과 그 원인 또는 부존재의 뜻을 기록하고 표제부의 등기를 말소하는 표시를 한 후 그 등기기록을 폐쇄하여야 한다.
② 전세금을 증액하는 전세권변경등기는 등기상 이해관계 있는 제3자의 승낙 또는 이에 대항할 수 있는 재판의 등본이 없으면 부기등기가 아닌 주등기로 해야 한다.
③ 건물소유권의 공유지분 일부에 대하여는 전세권설정등기를 할 수 없다.
④ 토지의 일부를 특정하여 저당권설정등기를 할 수 없다.
⑤ 등기관이 부기등기를 할 때에는 주등기 또는 부기등기의 순위번호에 가지번호를 붙여서 하여야 한다.

20. 관공서의 촉탁등기에 관한 설명으로 틀린 것은?
① 등기권리자인 관공서가 부동산 거래의 주체로서 등기를 촉탁할 수 있는 경우라도 등기의무자와 공동으로 등기를 신청할 수 있다.
② 매수인이 매각대금을 납부한 후 사망한 경우에는 사망한 매수인 앞으로 소유권이전등기를 먼저 촉탁하고 상속인 명의로 상속등기를 하여야 한다.
③ 등기의무자인 관공서가 등기권리자의 청구에 의하여 등기를 촉탁하는 경우, 등기의무자의 권리에 관한 등기필정보를 제공할 필요가 없다.
④ 경매개시결정등기 이후에 소유권이전등기를 받은 제3취득자가 매수인이 된 경우에는 경매개시결정등기의 말소등기와 제3취득자 명의의 소유권이전등기를 함께 촉탁하여야 한다.
⑤ 관공서가 등기를 촉탁하는 경우 우편에 의한 등기촉탁도 할 수 있다.

21. 단독으로 등기신청할 수 있는 것을 모두 고른 것은?(단, 판결 등 집행권원에 의한 신청은 제외함)

ㄱ. 근저당권의 채권최고액을 증액하는 근저당권자의 변경등기 신청
ㄴ. 가등기명의인의 가등기말소등기 신청
ㄷ. 신탁재산에 속한 권리가 이전됨에 따라 신탁재산에 속하지 아니하게 된 경우, 신탁등기의 말소등기 신청
ㄹ. 저당권이 이전된 후 채무변제로 인한 저당권말소등기 신청

① ㄱ   ② ㄱ, ㄴ   ③ ㄴ, ㄷ
④ ㄱ, ㄷ, ㄹ   ⑤ ㄴ, ㄷ, ㄹ

22. 공동신청에 의하여야 할 등기를 모두 고른 것은?

ㄱ. 수용재결이 실효된 경우 수용을 원인으로 하여 경료된 소유권이전등기의 말소등기
ㄴ. 승소한 가처분권리자가 소유권이전등기를 신청하는 경우 가처분등기 후에 마쳐진 제3자 명의의 소유권이전등기의 말소등기
ㄷ. 환매권행사로 인한 소유권이전등기를 하는 경우 환매특약등기의 말소등기
ㄹ. 유증을 원인으로 한 소유권이전등기
ㅁ. 공공용지의 협의취득을 원인으로 한 소유권이전등기

① ㄱ, ㄷ, ㄹ   ② ㄱ, ㄹ, ㅁ   ③ ㄷ, ㄹ, ㅁ
④ ㄱ, ㄷ, ㄹ, ㅁ   ⑤ ㄱ, ㄴ, ㄷ, ㄹ, ㅁ

28. 「소득세법」상 거주자의 양도소득세 비과세에 관한 설명으로 옳은 것은?

① 농지를 교환할 때 쌍방 토지가액의 차액이 가액이 큰 편의 3분의 1인 경우 발생하는 소득은 비과세된다.
② 1세대 1주택 비과세 요건을 충족하는 고가주택의 양도가액이 15억원이고 양도차익이 5억원인 경우 양도소득세가 과세되는 양도차익은 3억원이다.
③ 1주택을 보유하는 자가 1주택을 보유하는 자와 혼인함으로써 1세대가 2주택을 보유하게 되는 경우 혼인한 날부터 10년 이내에 먼저 양도하는 주택은 이를 1세대 1주택으로 보아 소득세법 시행령 제154조 제1항을 적용한다.
④ 국내에 1주택만을 보유하고 있는 1세대가 해외이주로 세대전원이 출국하는 경우 출국일부터 3년이 되는 날 해당 주택을 양도하면 비과세된다.
⑤ 소유하고 있던 공부상 주택인 1세대 1주택을 거주용이 아닌 영업용 건물(점포·사무소 등)로 사용하다가 양도하는 때에는 1세대 1주택으로 보지 아니한다.

29. 거주자 甲은 배우자인 거주자 乙이 2015년 3월 1일에 300,000,000원에 취득한 토지를 2021년 4월 1일에 乙로부터 증여(증여 당시 시가 700,000,000원)받아 소유권이전등기를 마쳤다. 이후 甲은 2025년 6월 1일에 토지를 甲 또는 乙과 특수관계 없는 거주자 丙에게 1,000,000,000원에 양도하였다. 甲 또는 乙의 양도소득 납세의무에 관한 설명으로 옳은 것은?[단, 양도소득은 실질적으로 甲에게 귀속되지 아니하고, 토지는 법령상 협의매수 또는 수용된 적이 없으며, 양도 당시 甲과 乙은 혼인관계를 유지하고 있음. 소득세법 제97조의2 양도소득의 필요경비 계산 특례(이월과세)를 적용하여 계산한 양도소득 결정세액이 이를 적용하지 않고 계산한 양도소득 결정세액보다 크다고 가정한다]

① 토지의 양도차익 계산시 양도가액에서 공제할 취득가액은 700,000,000원이다.
② 토지의 양도차익 계산시 취득시기는 2015년 3월 1일이다.
③ 토지의 양도차익 계산시 甲의 증여세 산출세액은 양도가액에서 공제할 수 없다.
④ 甲과 乙은 연대하여 토지의 양도소득세 납세의무를 진다.
⑤ 토지의 양도소득세 납세의무자는 乙이다.

30. 다음은 취득세 세율에 대한 설명이다. 틀린 것은?

① 법령으로 정한 비영리사업자의 상속 외의 무상취득에 적용되는 표준세율은 1천분의 28이다.
② 고급오락장을 취득한 경우 표준세율과 중과기준세율의 100분의 400을 합한 세율을 적용한다.
③ 과밀억제권역에서 본점이나 주사무소의 사업용 부동산(본점이나 주사무소용 건축물을 신축하거나 증축하는 경우와 그 부속토지만 해당한다)을 취득하는 경우에는 표준세율에 중과기준세율의 100분의 300을 합한 세율을 적용한다.
④ 법인 설립 후 유상 증자시에 주식을 취득하여 최초로 과점주주가 된 경우 중과기준세율을 적용한다.
⑤ 같은 취득물건에 대하여 둘 이상의 세율이 해당되는 경우에는 그중 높은 세율을 적용한다.

31. 「지방세법」상 취득세의 부과·징수에 관한 설명으로 틀린 것은?

① 토지의 지목변경에 따라 사실상 그 가액이 증가된 경우, 취득세의 신고·납부를 하지 않고 매각하더라도 취득세 중가산세 규정은 적용되지 아니한다.
② 취득세 납세의무가 있는 법인은 취득 당시의 가액을 증명할 수 있는 장부와 관련 증거서류를 작성하여 갖춰 두어야 한다.
③ 지방자치단체의 장은 취득세 납세의무가 있는 법인이 장부 등의 작성과 보존 의무를 이행하지 아니하는 경우에는 산출된 세액 또는 부족세액의 100분의 10에 상당하는 금액을 징수하여야 할 세액에 가산한다.
④ 취득세액이 50만원 이하일 때에는 취득세를 부과하지 아니한다.
⑤ 토지나 건축물을 취득한 자가 그 취득한 날부터 1년 이내에 그에 인접한 토지나 건축물을 취득한 경우에는 각각 그 전후의 취득에 관한 토지나 건축물의 취득을 1건의 토지 취득 또는 1구의 건축물 취득으로 보아 면세점을 적용한다.

32. 「지방세법」상 취득세에 관한 설명으로 틀린 것은?

① 취득세 과세표준을 계산할 때 부가가치세는 사실상 취득가격에 포함하지 아니한다.
② 취득세 납세의무자가 신고 또는 납부의무를 다하지 아니하면 산출세액 또는 그 부족세액에 「지방세기본법」의 규정에 따라 산출한 가산세를 합한 금액을 세액으로 하여 보통징수의 방법으로 징수한다.
③ 납세의무자가 취득세 과세물건을 사실상 취득한 후 법정신고기한까지 신고를 하지 아니하고 매각하더라도 등기 또는 등록이 필요하지 아니하는 과세물건(골프회원권, 승마회원권, 콘도미니엄 회원권 및 종합체육시설이용 회원권 및 요트회원권은 제외한다)에 대하여는 취득세 중가산세 규정을 적용하지 아니한다.
④ 취득세 과세물건을 취득한 후 중과세 대상이 되었을 때에는 표준세율을 적용하여 산출한 세액에서 이미 납부한 세액(가산세 제외)을 공제한 금액을 세액으로 하여 신고·납부하여야 한다.
⑤ 증여자의 채무를 인수하는 부담부 증여의 경우 유상으로 취득한 것으로 보는 채무액에 상당하는 부분에 대해서는 유상승계취득에서의 과세표준을 적용하고, 취득물건의 시가인정액에서 채무부담액을 뺀 잔액에 대해서는 무상취득에서의 과세표준을 적용한다.

33. 「지방세법」상 등록에 대한 등록면허세에 관한 설명으로 틀린 것은?

① 근저당권 말소등기의 경우 등록면허세의 납세의무자는 근저당권설정자 또는 말소대상 부동산의 현재 소유자이다.
② 부동산 등기에 대한 등록면허세의 납세지는 부동산 소재지이나 그 납세지가 분명하지 아니한 경우에는 등록관청 소재지로 한다.
③ 부동산을 등기하려는 자는 과세표준에 세율을 적용하여 산출한 세액을 등기를 하기 전까지 납세지를 관할하는 지방자치단체의 장에게 신고하고 납부하여야 한다.
④ 등록을 하려는 자가 신고의무를 다하지 않은 경우 등록면허세 산출세액을 등록하기 전까지 납부하였을 때에는 신고·납부한 것으로 보지만 무신고 가산세가 부과된다.
⑤ 지방세의 체납으로 인하여 압류의 등기를 한 재산에 대하여 압류해제의 등기를 할 경우 등록면허세가 비과세된다.

34. 「지방세법」상 취득세 및 등록면허세에 관한 설명으로 틀린 것은?

① 대한민국 정부기관의 취득에 대하여 과세하는 외국정부의 취득에 대해서는 취득세를 부과한다.
② 부동산가압류에 대한 등록면허세의 세율은 채권금액의 1천분의 2로 한다.
③ 취득가액이 50만원 이하인 차량의 등록은 등록면허세가 과세되는 등록에 해당한다.
④ 취득세 납세의무자가 신고 또는 납부의무를 다하지 아니하면 산출세액 또는 그 부족세액에 「지방세기본법」의 규정에 따라 산출한 가산세를 합한 금액을 세액으로 하여 보통징수의 방법으로 징수한다.
⑤ 지목변경으로 인한 취득세 납세의무자가 신고를 하지 아니하고 매각하는 경우 산출세액에 100분의 80을 가산한 금액을 세액으로 하여 징수한다.

35. 다음은 토지에 대한 재산세 과세대상을 구분한 것이다. 틀린 것은?

① 「체육시설의 설치·이용에 관한 법률」에 따른 회원제 골프장용 부동산 중 구분등록의 대상이 되는 토지: 4% 분리과세대상
② 기준면적 이내의 공장의 부속토지: 0.2% 분리과세대상
③ 「여객자동차 운수사업법」에 따라 면허 또는 인가를 받은 자가 계속하여 사용하는 여객자동차터미널용 토지: 별도합산과세대상
④ 「건축법」 등의 규정에 의하여 허가 등을 받아야 할 건축물(공장용 제외)로서 허가 등을 받지 아니한 건축물의 부속토지: 종합합산과세대상
⑤ 군지역의 기준면적 이내의 목장용지: 0.07% 분리과세대상

36. 다음 중 재산세가 비과세되는 경우는?

① 임시로 사용하기 위하여 건축된 건축물로서 재산세 과세기준일 현재 1년 미만인 법령에 따른 고급오락장
② 대한민국 정부기관의 재산에 대하여 과세하는 외국정부의 재산
③ 국가, 지방자치단체가 1년 이상 공용 또는 공공용으로 유료로 사용하는 경우
④ 「자연공원법」에 따른 공원자연보존지구의 임야
⑤ 소유권의 유상이전을 약정한 경우로서 국가, 지방자치단체 또는 지방자치단체조합이 그 재산을 취득하기 전에 1년 이상 공용 또는 공공용으로 미리 사용하는 경우

37. 「종합부동산세법」상 토지 및 주택에 대한 과세와 부과·징수에 관한 설명으로 옳은 것은?

> ㄱ. 종합부동산세를 신고납부방식으로 납부하고자 하는 납세의무자는 종합부동산세의 과세표준과 세액을 관할세무서장이 결정하기 전인 해당 연도 9월 16일부터 9월 30일까지 관할세무서장에게 신고하여야 한다.
> ㄴ. 관할세무서장은 납세의무자가 과세기준일 현재 1세대 1주택자가 아닌 경우 주택분 종합부동산세액의 납부유예를 허가할 수 없다.
> ㄷ. 혼인으로 인한 1세대 2주택의 경우 납세의무자가 해당 연도 9월 16일부터 9월 30일까지 관할세무서장에게 합산배제를 신청하면 1세대 1주택자로 본다.
> ㄹ. 과세표준 합산의 대상에 포함되지 않는 주택을 보유한 납세의무자는 해당 연도 10월 16일부터 10월 31일까지 관할세무서장에게 해당 주택의 보유현황을 신고하여야 한다.
> ㅁ. 1세대가 일반 주택과 합산배제 신고한 임대주택을 각각 1채씩 소유한 경우 해당 일반 주택에 그 주택소유자가 실제 거주하지 않더라도 1세대 1주택자에 해당한다.

① 1개   ② 2개   ③ 3개   ④ 4개   ⑤ 5개

38. 다음 재산세와 종합부동산세에 관한 설명으로 틀린 것은? (단, 주택은 종합부동산세법상 합산배제주택에 해당하지 아니하며, 지방세관계법상 재산세 특례 및 감면은 없음)

① 「지방세특례제한법」 또는 「조세특례제한법」에 의하여 재산세가 비과세·과세면제 또는 경감되는 경우, 시·군의 감면조례에 의하여 재산세가 감면되는 경우 그 감면대상인 주택 또는 토지의 공시가격에서 그 공시가격에 재산세 감면비율(비과세 또는 과세면제는 100분의 100)을 곱한 금액을 공제한 금액을 종합부동산세의 공시가격으로 본다.
② 농어촌특별세는 종합부동산세 분납금액의 비율에 의하여 종합부동산세의 분납에 따라 분납할 수 있다.
③ 과세기준일 현재 토지분 재산세의 납세의무자는 종합부동산세를 납부할 의무가 있다.
④ 물납은 재산세의 납부세액이 1천만원을 초과하는 경우에만 가능하다. 분납과 달리 소방분 지역자원시설세는 물납대상이 아니다. 지방교육세도 물납대상이 아니다. 다만, 재산세 도시지역분은 재산세로 과세되기 때문에 물납이 된다.
⑤ 재산세가 분납대상에 해당할 경우 지방교육세도 함께 분납 처리한다.

39. 국내 소재 부동산의 보유단계에서 부담할 수 있는 지방세는 모두 몇 개인가?

> ㄱ. 농어촌특별세   ㄴ. 지방교육세
> ㄷ. 개인지방소득세   ㄹ. 재산세
> ㅁ. 종합부동산세

① 0개   ② 1개   ③ 2개   ④ 3개   ⑤ 4개

40. 「국세기본법」상 납세의무의 승계, 연대납세의무, 제2차 납세의무에 관한 설명이다. 틀린 것은?

① 상속인 또는 상속재산관리인은 피상속인에게 부과되거나 피상속인이 납부할 국세 및 강제징수비를 상속으로 받은 재산의 한도에서 납부할 의무를 진다.
② 법인은 납부기간 만료일 현재 법인의 무한책임사원, 과점주주 및 영농·영어조합법인의 과점조합원이 납부할 국세 및 강제징수비에 대하여 제2차 납세의무를 진다.
③ 법인이 「채무자 회생 및 파산에 관한 법률」에 따라 신회사를 설립하는 경우 신회사는 기존의 법인에 부과되거나 납세의무가 성립한 국세 및 강제징수비를 연대하여 납부할 의무를 진다.
④ 법인이 분할 또는 분할합병한 후 소멸하는 경우 분할신설법인과 분할합병의 상대방 법인은 분할법인에 부과되거나 분할법인이 납부하여야 할 국세 및 강제징수비에 대하여 분할로 승계된 재산가액을 한도로 연대하여 납부할 의무가 있다.
⑤ 양도인과 특수관계인인 자 또는 양도인의 조세회피를 목적으로 사업을 양수한 자는 사업 양도일 이전에 양도인의 납세의무가 확정된 그 사업에 관한 국세 및 강제징수비를 양수한 재산의 가액을 한도로 제2차 납세의무를 진다.

수고하셨습니다.
당신의 합격을 응원합니다.

www.pmg.co.kr

박문각 공인중개사

2025년도 제36회 시험대비 THE LAST 모의고사
박윤모 & 정석진 부동산공시법·부동산세법

회차	문제수	시험과목
1회	40	부동산공시법·부동산세법

수험번호		성명	

【 정답 및 해설 】

박문각은 여러분의 제36회 공인중개사 시험 합격을 진심으로 응원합니다!

부동산공시에 관한 법령

1. ④	2. ⑤	3. ④	4. ③	5. ①	6. ③	7. ⑤	8. ①
9. ③	10. ⑤	11. ④	12. ①	13. ①	14. ④	15. ③	16. ③
17. ②	18. ②	19. ④	20. ②	21. ②	22. ④	23. ⑤	24. ⑤

〈문제분석〉

■ 체감난이도 : 중상

■ 문항분석

난이도 하	하나도 틀리지 말 것
9문항	2, 5, 9, 10, 11, 12, 13, 14, 15
난이도 중	최소 반타작
9문항	1, 4, 6, 8, 17, 18, 19, 21, 22
난이도 상	맨 나중에 풀 것
1문항	24
난이도 극상	풀 수가 없는 문제
5문항	3, 7, 16, 20, 23

1. ④   난이도 中

① 학교용지・공원・종교용지 등 다른 지목으로 된 토지에 있는 유적・고적・기념물 등을 보호하기 위하여 구획된 토지는 "사적지"로 할 수 없다.
② 온수・약수・석유류 등이 용출되는 용출구(湧出口)와 그 유지(維持)에 사용되는 부지는 "광천지"로 하고, 온수・약수・석유류 등을 일정한 장소로 운송하는 송수관・송유관 및 저장시설의 부지는 "광천지"로 할 수 없다.
③ 축산업 및 낙농업을 하기 위하여 초지를 조성한 토지는 "목장용지"로 하고, 주거용 건축물의 부지는 "대"로 한다.
⑤ 주차전용 건축물부지는 "주차장"으로 하고, 노상 주차장 부지는 "주차장"으로 할 수 없다.

2. ⑤   난이도 下

⑤ 부동산종합공부를 열람하거나 그 등본을 발급받으려는 경우에는 지적소관청 또는 읍・면・동의 장에게 신청할 수 있다.

3. ④   난이도 極上

실전에서 버리는 문제 연습용으로 해설은 제공하지 않습니다.

4. ③   난이도 中

① 지적측량수행자가 지적측량 의뢰를 받은 때에는 측량기간, 측량일자 및 측량 수수료 등을 적은 지적측량 수행계획서를 그 다음 날까지 지적소관청에게 제출하여야 한다.
② 지적측량 의뢰인과 지적측량수행자가 서로 합의하여 따로 기간을 정하는 경우에는 그 기간에 따르되, 전체 기간의 4분의 3은 측량기간으로, 전체 기간의 4분의 1은 측량검사기간으로 본다.
④ 지적삼각점성과를 열람하거나 등본을 발급받으려는 자는 지적소관청이나 시・도지사에게 신청하여야 한다.
⑤ 지적측량을 의뢰하려는 자는 지적측량 의뢰서에 의뢰 사유를 증명하는 서류를 첨부하여 지적측량수행자에게 제출하여야 한다.

5. ①   난이도 下

공유지연명부의 등록사항은 토지의 소재와 지번, 소유권 지분, 소유자의 성명 또는 명칭, 주소 및 주민등록번호, 토지의 고유번호, 필지별 공유지연명부의 장번호, 토지소유자가 변경된 날과 그 원인이다.

6. ③   난이도 中

• 지적소관청은 청산금의 결정을 공고한 날부터 20일 이내에 토지소유자에게 청산금의 납부고지 또는 수령통지를 하여야 한다.
• 청산금의 납부고지를 받은 자는 그 고지를 받은 날부터 6개월 이내에 청산금을 지적소관청에 내야 한다.

7. ⑤   난이도 極上

실전에서 버리는 문제 연습용으로 해설은 제공하지 않습니다.

8. ①   난이도 中

지적공부에 등록하는 지번・지목・면적・경계 또는 좌표는 토지의 이동이 있을 때 토지소유자의 신청을 받아 지적소관청이 결정한다. 다만, 신청이 없으면 지적소관청이 직권으로 조사・측량하여 결정할 수 있다 (법 제64조).

9. ③   난이도 下

③ 공공기준점이 아닌 지적기준점을 설치하는 경우에 지적측량을 실시한다.

10. ⑤   난이도 下

⑤ 지적소관청은 등기부에 적혀 있는 토지의 표시가 지적공부와 일치하지 아니하면 등기완료통지서에 따라 토지소유자를 정리할 수 없다.

11. ④   난이도 下

축척변경시행지역 안의 토지 소유자 또는 점유자는 시행공고가 있는 날부터 30일 이내에 시행공고일 현재 점유하고 있는 경계에 경계점표지를 설치하여야 한다.

12. ①   난이도 下

지적측량 준비도, 지적측량의뢰서, 지적측량수행계획서, 개별공시지가 자료 등은 지적공부의 복구자료에 해당하지 않는다.

13. ①   난이도 下

① 등기관이 소유권보존등기를 할 때에는 등기원인과 그 연월일을 기록하지 아니한다(부동산등기법 제64조).

14. ④   난이도 下

④ 소유권에 대한 가압류등기, 처분금지가처분등기, 경매개시결정등기는 주등기로 하여야 한다. 따라서 부동산의 소유자를 상대로 한 저당부동산의 저당권실행을 위한 임의경매개시결정등기도 등기기록의 갑구에 주등기로 하여야 한다.

15. ③   난이도 下
③ 환매에 따른 권리취득의 등기를 한 경우, 환매특약의 등기는 등기관이 직권으로 말소하여야 한다.

16. ③   난이도 極上
실전에서 버리는 문제 연습용으로 해설은 제공하지 않습니다.

17. ②   난이도 中
① 가등기목적물의 소유권이 가등기 후에 제3자에게 이전된 경우라 하더라도, 가등기에 의한 본등기신청의 등기의무자는 제3자가 아닌 가등기 당시의 소유자이다.
③ 하나의 가등기에 관하여 여러 사람의 가등기권자가 있는 경우, 그 중 일부의 가등기권자는 자기 지분만에 관한 본등기는 신청할 수 있지만, 가등기 전부에 관한 본등기는 신청할 수 없다.
④ 가등기명의인은 그 가등기의 말소를 단독으로 신청할 수 있다.
⑤ 가등기의무자는 가등기명의인의 승낙을 받은 경우에는 가등기의 말소등기를 단독으로 신청할 수 있다.

18. ②   난이도 中
② 乙 명의의 전세권등기와 그 전세권에 대한 丙 명의의 가압류가 순차로 마쳐진 甲 소유 부동산에 대하여 乙 명의의 전세권등기를 말소하라는 판결을 받았다고 하더라도 그 판결에 의하여 전세권말소등기를 신청할 때에는 丙의 승낙서 또는 丙에게 대항할 수 있는 재판의 등본을 반드시 첨부하여야 한다.

19. ④   난이도 中
④ 등기관이 소유권이전등기청구권보전 가등기에 의한 본등기를 한 경우, 가등기 후 본등기 전에 마쳐진 해당 가등기상 권리를 목적으로 하는 가처분등기, 가등기권자에게 대항할 수 있는 주택임차권등기 등은 직권으로 말소할 수 없다.

20. ②   난이도 極上
실전에서 버리는 문제 연습용으로 해설은 제공하지 않습니다.

21. ②   난이도 中
② 2인의 합유자 중 1인이 사망한 경우, 잔존 합유자는 그의 단독소유로 합유명의인 변경등기신청을 할 수 있다.

22. ④   난이도 中
ㄱ. 부동산이 甲 ⇨ 乙 ⇨ 丙으로 매도되었으나 등기명의가 甲에게 남아 있어 丙이 乙을 대위하여 소유권이전등기를 신청하는 경우, 절차법상 등기권리자는 丙이 아닌 乙이다.

23. ⑤   난이도 極上
실전에서 버리는 문제 연습용으로 해설은 제공하지 않습니다.

24. ⑤   난이도 上
⑤ 가등기를 마친 후에 가등기권자가 사망한 경우, 그 상속인은 상속등기를 생략하고 상속을 증명하는 서면을 첨부하여 가등기의무자와 공동으로 본등기를 신청할 수 있다.

부동산 관련 세법

25. ①	26. ②	27. ②	28. ①	29. ④	30. ③	31. ①	32. ⑤
33. ④	34. ④	35. ④	36. ④	37. ④	38. ③	39. ③	40. ④

〈문제분석〉

■ 체감난이도 : 중상(계산문제 2문제)

■ 문항분석

난이도 하	하나도 틀리지 말 것
6문항	27, 29, 31, 32, 36, 39
난이도 중	최소 반타작
4문항	25, 30, 33, 38
난이도 상	맨 나중에 풀 것
3문항	34, 35, 37
난이도 극상	풀 수가 없는 문제
3문항	26, 28, 40

Tip 기술점수 올리는 방법
① 세목부터 동그라미
   - 소득세, 양도소득세, 취득세, 등록면허세, 재산세, 종합부동산세
② 어느 파트를 묻는 것인가를 파악하여 동그라미
   - 납세의무자, 과세대상, 과세표준, 세율, 부과·징수, 비과세
③ 틀린 것은? 지문에서 ①이 틀린 것이면 ② ~ ⑤는 읽지 않는다.
④ 처음 보는 지문은 무조건 '통과'한다.
⑤ 계산문제와 사례형 문제는 일단 통과한 후 맨 나중에 푼다.

25. ①   난이도 中
① 중간예납하는 소득세는 중간예납기간이 끝나는 때 성립하고 납세의무자가 과세표준과 세액을 정부에 신고했을 때 확정된다.

26. ②   난이도 極上
② 재조사 결정에 따른 처분청의 처분에 대해서는 해당 재조사 결정을 한 재결청에 대하여 심사청구 또는 심판청구를 제기할 수 있다(국세기본법 제55조 제5항).

27. ②   난이도 下
② 토지의 지목변경에 따른 취득은 토지의 지목이 사실상 변경된 날과 공부상 변경된 날 중 빠른 날을 취득일로 본다.

28. ①   난이도 極上

구 분	금 액	법 인	개 인
ㄱ. 취득대금	500,000,000원	500,000,000원	500,000,000원
ㄴ. 건설자금에 충당한 차입금의 이자 또는 이와 유사한 금융·비용	20,000,000원	20,000,000원	−
ㄷ. 할부 또는 연부(年賦) 계약에 따른 이자 상당액 및 연체료	10,000,000원	10,000,000원	−
ㄹ. 취득에 필요한 용역을 제공받은 대가로 지급하는 용역비·수수료	5,000,000원	5,000,000원	5,000,000원

ㅁ. 취득대금 외에 당사자의 약정에 따른 취득자 조건 부담액과 채무인수액	10,000,000원	10,000,000원	10,000,000원
ㅂ. 법령에 따라 매입한 국민주택채권을 해당 주택의 취득 이전에 금융회사에 양도함으로써 발생하는 매각차손	1,000,000원	1,000,000원	1,000,000원
ㅅ. 「공인중개사법」에 따른 공인중개사에게 지급한 중개보수 : 1,100,000원 (부가가치세 포함)	1,100,000원 (부가가치세 포함)	1,000,000원	−
ㅇ. 「전기사업법」, 「도시가스사업법」, 「집단에너지사업법」, 그 밖의 법률에 따라 전기·가스·열 등을 이용하는 자가 분담하는 비용	3,000,000원	−	−
∴개인, 법인 차이 31,000,000원	550,100,000원	547,000,000원	516,000,000

29. ④
난이도 下

④ 임시흥행장, 공사현장사무소 등(제13조 제5항에 따른 과세대상은 제외한다) 임시건축물의 취득에 대하여는 취득세를 부과하지 아니한다. 다만, 존속기간이 1년을 초과하는 경우에는 취득세를 부과한다.

30. ③
난이도 中

③ 신고의무를 다하지 아니한 경우에도 등록면허세 산출세액을 등록을 하기 전까지 납부하였을 때에는 신고를 하고 납부한 것으로 본다. 이 경우 무신고가산세 및 과소신고가산세를 부과하지 아니한다.

31. ①
난이도 下

① 과세표준 20억원인 분리과세대상 목장용지 : 1,000분의 0.7(0.07%)
② 과세표준 6천만원인 주택(1세대 2주택에 해당) : 1,000분의 1(0.1%)
③ 과세표준 10억원인 분리과세대상 공장용지 : 1,000분의 2(0.2%)
④ 과세표준 2억원인 별도합산과세대상 토지 : 1,000분의 2(0.2%)
⑤ 과세표준 5천만원인 종합합산과세대상 토지 : 1,000분의 2(0.2%)

32. ⑤
난이도 下

① 해당 연도에 주택에 부과할 세액이 100만원인 경우 납기는 해당 연도에 부과·징수할 세액의 2분의 1은 매년 7월 16일부터 7월 31일까지, 나머지 2분의 1은 9월 16일부터 9월 30일까지이다. 다만, 해당 연도에 부과할 세액이 20만원 이하인 경우에는 조례로 정하는 바에 따라 납기를 7월 16일부터 7월 31일까지로 하여 한꺼번에 부과·징수할 수 있다.
② 토지분 재산세 납기는 매년 9월 16일부터 9월 30일까지이다.
③ 지방자치단체의 장은 재산세의 납부세액이 1천만원을 초과하는 경우에는 납세의무자의 신청을 받아 해당 지방자치단체의 관할구역에 있는 부동산에 대해서만 물납을 허가할 수 있다.
④ 고지서 1장당 재산세로 징수할 세액이 2천원 미만인 경우에는 해당 재산세를 징수하지 아니한다.

33. ④
난이도 中

④ 상속이 개시된 재산으로서 상속등기가 이행되지 아니하고 사실상의 소유자를 신고하지 아니하였을 때에는 행정안전부령으로 정하는 주된 상속자는 재산세를 납부할 의무가 있다.

34. ④
난이도 上

④ 관할세무서장은 주택분 종합부동산세액의 납부가 유예된 납세의무자가 해당 주택을 타인에게 양도하거나 증여하는 경우에는 그 납부유예 허가를 취소하여야 한다.

35. ④
난이도 上

④ 해당 과세기간에 분리과세 주택임대소득이 있는 경우 확정신고를 하여야 한다.

36. ④
난이도 下

④ 사업에 사용하는 토지·건물 및 부동산에 관한 권리와 함께 양도하는 영업권은 양도소득세 과세대상이다. 반면 사업에 사용하는 토지·건물 및 부동산에 관한 권리와 분리되어 양도하는 영업권은 종합소득 중 기타소득으로 과세한다.

37. ④
난이도 上

	양도가액	500,000,000원	실지거래가액
−	취득가액	125,000,000원	[추계(매 ⇨ 감 ⇨ 환 ⇨기)] 환산취득가액 = 양도당시의 실지거래가액 × $\frac{취득당시의 기준시가}{양도당시의 기준시가}$ = 500,000,000원 × $\frac{100,000,000원}{400,000,000원}$ =125,000,000원
−	기타필요경비	3,000,000원	필요경비개산공제 = 취득당시의 기준시가 × 3% = 100,000,000원 × 3% = 3,000,000원
=	양도차익	372,000,000원	

필요경비 = MAX (①, ②) = 130,000,000원
① (환산가액 + 개산공제액)
   = (125,000,000원 + 3,000,000원)
   = 128,000,000원
② (자본적지출액 + 양도비)
   = 120,000,000원 + 10,000,000원
   = 130,000,000원

따라서 양도소득세 부담을 최소화하기 위한 양도차익은 다음과 같다.

	양도가액	500,000,000원	실지거래가액
−	취득가액	−	−
−	기타필요경비	130,000,000원	(자본적지출액 + 양도비)
=	양도차익	370,000,000원	

38. ③
난이도 中

초과누진세율 : ㄱ, ㄴ, ㄷ(3개)
ㄱ. 6개월 보유한 골프 회원권의 양도 : 6% ~ 45%의 8단계 초과누진세율
ㄴ. 2년 6개월 보유한 재건축조합원입주권의 양도 : 6% ~ 45%의 8단계 초과누진세율
ㄷ. 2년 7개월 보유한 등기된 1세대 2주택(조정대상지역이 아님)의 양도 : 6% ~ 45%의 8단계 초과누진세율
ㄹ. 2년 6개월 보유한 상가의 미등기 양도 : 70% 비례세율
ㅁ. 2년 6개월 보유한 분양권의 양도 : 60% 비례세율

39. ③ 난이도 下

1. 옳은 것 : ㄱ, ㄴ, ㄷ(3개)
2. 틀린 것 : ㄹ, ㅁ(2개)

ㄹ. 예정신고납부할 세액이 5천만원인 자는 그 세액의 100분의 50의 금액을 납부기한이 지난 후 2개월 이내에 분할납부할 수 있다.

ㅁ. 건물을 신축하고 그 취득일부터 5년 이내에 양도하는 경우로서 감정가액을 취득가액으로 하는 경우에는 그 감정가액의 100분의 5에 해당하는 금액을 양도소득 결정세액에 가산한다.

40. ④ 난이도 極上

甲과 乙이 배우자 간인 경우

1. 양도소득세 납세의무자 : 乙

거주자 乙이 배우자 甲으로부터 증여받은 토지를 10년 이내에 타인에게 양도하였으므로 이월과세를 적용한다.

2. 이월과세를 적용하여 계산한 양도소득결정세액

양도가액	110,000,000원	
− 취득가액	20,000,000원	증여자 甲의 취득가액
− 기타필요경비	600,000원	
− 증여세 필요경비	−	
= 양도차익	89,400,000원	
− 장기보유특별공제	17,880,000원	보유기간은 甲의 취득일부터 기산함(10년 이상 11년 미만) 89,400,000 × 20%
= 양도소득금액	71,520,000원	
− 양도소득기본공제	2,500,000원	
= 양도소득과세표준	69,020,000원	
양도소득산출세액 (=양도소득결정세액)	10,804,800원	69,020,000 × 24% − 5,760,000원

3. 이월과세를 적용하지 않고 계산한 양도소득결정세액

양도가액	110,000,000원	
− 취득가액	90,000,000원	
− 기타필요경비	2,700,000원	
− 증여세 필요경비	−	
= 양도차익	17,300,000원	
− 장기보유특별공제	−	
= 양도소득금액	17,300,000원	
− 양도소득기본공제	2,500,000원	
= 양도소득과세표준	14,800,000원	
양도소득산출세액 (=양도소득결정세액)	960,000원	14,800,000원 × 15% − 1,260,000원

4. 이월과세를 적용하여 계산한 양도소득결정세액이 이월과세를 적용하지 않고 계산한 양도소득결정세액보다 크므로 이월과세를 적용한다.

수고하셨습니다.
당신의 합격을 응원합니다.

www.pmg.co.kr

박문각 공인중개사

2025년도 제36회 시험대비 THE LAST 모의고사
박윤모 & 정석진 부동산공시법·부동산세법

회차	문제수	시험과목
2회	40	부동산공시법·부동산세법

수험번호		성명	

【정답 및 해설】

박문각은 여러분의 제36회 공인중개사 시험 합격을 진심으로 응원합니다!

부동산공시에 관한 법령

1. ①	2. ⑤	3. ②	4. ①	5. ①	6. ④	7. ⑤	8. ③
9. ③	10. ④	11. ①	12. ⑤	13. ④	14. ④	15. ①	16. ⑤
17. ②	18. ③	19. ②	20. ③	21. ②	22. ④	23. ①	24. ③

〈문제분석〉

■ 체감난이도: 중상

■ 문항분석

난이도 하 8문항	하나도 틀리지 말 것
	2, 3, 5, 7, 8, 11, 17, 21
난이도 중 7문항	최소 반타작
	1, 10, 12, 16, 19, 20, 23
난이도 상 4문항	맨 나중에 풀 것
	6, 13, 14, 24
난이도 극상 5문항	풀 수가 없는 문제
	4, 9, 15, 18, 22

1. ①
난이도 中

지적소관청이 토지소유자에게 지적정리 등을 통지하여야 하는 시기는 다음 각 호의 구분에 따른다(시행령 제85조).

> 1. 토지의 표시에 관한 변경등기가 필요한 경우: 그 등기완료의 통지서를 접수한 날부터 15일 이내
> 2. 토지의 표시에 관한 변경등기가 필요하지 아니한 경우: 지적공부에 등록한 날부터 7일 이내

2. ⑤
난이도 下

⑤ 면적은 토지대장과 임야대장의 등록사항이다.

3. ②
난이도 下

② 지적측량기준점성과 또는 그 측량부를 열람하거나 등본을 발급받으려는 자는 지적삼각점성과에 대해서는 시·도지사 또는 지적소관청에 신청하고, 지적삼각보조점성과 및 지적도근점성과에 대해서는 지적소관청에 신청하여야 한다.

4. ①
난이도 極上

실전에서 버리는 문제 연습용으로 해설은 제공하지 않습니다.

5. ①
난이도 下

② 교통 운수를 위하여 일정한 궤도 등의 설비와 형태를 갖추어 이용되는 토지와 이에 접속된 차고, 발전시설 등 부속시설물의 부지는 "철도용지"로 한다.
③ 일반 공중의 종교의식을 위하여 예배·법요·설교·제사 등을 하기 위한 교회·사찰·향교 등 건축물의 부지와 이에 접속된 부속시설물의 부지는 "종교용지"로 하여야 한다.
④ 위락, 휴양 등에 적합한 시설물을 종합적으로 갖춘 야영장은 "유원지"로 하여야 한다.
⑤ 일반 공중의 보건·휴양 및 정서생활에 이용하기 위한 시설을 갖춘 토지로서 「국토의 계획 및 이용에 관한 법률」에 따라 공원 또는 녹지로 결정·고시된 토지는 "공원"으로 하여야 한다.

6. ④
난이도 上

지적도의 축척이 500분의 1인 지역과 경계점좌표등록부에 등록하는 지역의 토지 면적은 제1호에도 불구하고 제곱미터 이하 한 자리 단위로 하되, 0.1제곱미터 미만의 끝수가 있는 경우 0.05제곱미터 미만일 때에는 버리고 0.05제곱미터를 초과할 때에는 올리며, 0.05제곱미터일 때에는 구하려는 끝자리의 숫자가 0 또는 짝수이면 버리고 홀수이면 올린다(시행령 제60조 제1항 제2호). 따라서 1필지의 면적을 측정한 값이 1055.35㎡인 경우에는 1055.4㎡를 등록면적으로 결정하여야 한다.

7. ⑤
난이도 下

「도시개발법」에 따른 도시개발사업, 「농어촌정비법」에 따른 농어촌정비사업, 그 밖에 대통령령으로 정하는 토지개발사업의 시행자는 그 사업의 착수·변경 및 완료 사실을 지적소관청에 신고하여야 한다(법 제86조 제1항). 「지적재조사에 관한 특별법」에 따른 지적재조사사업은 도시개발사업 등의 시행자가 그 사업의 착수·변경·완료 사실을 지적소관청에 신고하여야 하는 사업에 해당하지 아니한다.

8. ③
난이도 下

ㄱ, ㄴ, ㄷ, ㄹ은 공유지연명부와 대지권등록부의 공통된 등록사항이다. 그러나 ㅁ. 도면번호는 대지권등록부와 공유지연명부의 등록사항에 해당하지 않는다.

9. ③
난이도 極上

실전에서 버리는 문제 연습용으로 해설은 제공하지 않습니다.

10. ④
난이도 中

지적측량 의뢰인과 지적측량수행자가 서로 합의하여 따로 기간을 정하는 경우에는 그 기간에 따르되, 전체 기간의 4분의 3은 측량기간으로, 전체 기간의 4분의 1은 측량검사기간으로 본다.

11. ①
난이도 下

① 축척변경을 할 때에는 지적소관청은 시·도지사 또는 대도시 시장의 승인을 얻어야 하므로 축척변경위원회의 심의·의결사항으로 볼 수 없다.

12. ⑤
난이도 中

⑤ 토지의 소유자와 고유번호는 지상경계점등록부의 등록사항에 해당하지 아니한다.

13. ④
난이도 上

① 법정대리인이 등기를 신청하여 본인이 새로운 권리자가 된 경우, 등기필정보는 특별한 사정이 없는 한 본인이 아닌 법정대리인에게 통지하여야 한다.

② 등기절차의 인수를 명하는 판결에 따라 승소한 등기의무자가 단독으로 등기를 신청하는 경우, 등기필정보를 등기소에 제공하여야 한다.
③ 등기명의인의 포괄승계인도 등기필정보의 실효신고를 할 수 있다.
⑤ 등기권리자의 채권자가 등기권리자를 대위하여 등기신청을 한 경우에는, 그 대위채권자에게 등기완료통지를 하여야 한다.

14. ④   난이도 上
① 전세권의 존속기간이 만료된 경우에도, 그 전세권설정등기를 말소하지 않으면 동일한 범위를 대상으로 하는 다른 전세권설정등기를 할 수 없다.
② 지상권 설정의 목적 및 범위는 필요적 기록사항이다.
③ 공동전세목록은 5개 이상의 목적물에 전세권설정등기를 하는 경우에 작성하는 장부이다.
⑤ 임차권설정등기기록에는 차임 및 임차보증금을 반드시 기록하여야 한다.

15. ①   난이도 極上
실전에서 버리는 문제 연습용으로 해설은 제공하지 않습니다.

16. ⑤   난이도 中
⑤ 지상권설정등기청구권보전 가등기에 의하여 본등기를 한 경우, 가등기 후 본등기 전에 마쳐진 당해 토지에 대한 저당권설정등기는 직권말소할 수 없는 권리에 해당한다.

17. ②   난이도 下
② 이의신청은 관할 지방법원이 아닌 등기소에 이의신청서를 제출하는 방법으로 하여야 한다.

18. ③   난이도 極上
실전에서 버리는 문제 연습용으로 해설은 제공하지 않습니다.

19. ②   난이도 中
② 집합건물의 규약상 공용부분이라는 뜻을 정한 규약을 폐지한 경우, 그 공용부분의 취득자는 소유권이전등기가 아닌 소유권보존등기를 신청하여야 한다.

20. ③   난이도 中
③ 특별자치도지사, 시장, 군수 또는 구청장의 확인에 의하여 자기의 소유권을 증명하는 자는 건물의 소유권보존등기를 신청할 수 있다. 그러나 이 경우 토지의 소유권보존등기는 신청할 수 없다.

21. ②   난이도 下
② 지방자치단체는 등기신청의 당사자능력이 인정되지만, 읍·면은 등기신청적격이 인정되지 아니한다.

22. ④   난이도 極上
실전에서 버리는 문제 연습용으로 해설은 제공하지 않습니다.

23. ①   난이도 中
ㄱ. 유치권과 ㄷ. 주위토지통행권은 등기할 수 없는 권리에 해당한다.

24. ③   난이도 上
③ 근저당권이 이전된 후 근저당권의 양수인은 소유자인 근저당권설정자와 공동으로 그 근저당권말소등기를 신청하여야 한다.

부동산 관련 세법

25. ②	26. ②	27. ②	28. ②	29. ②	30. ④	31. ④	32. ②
33. ④	34. ④	35. ①	36. ⑤	37. ②	38. ③	39. ①	40. ②

〈문제분석〉

■ 체감난이도 : 중
■ 문항분석

난이도 하	하나도 틀리지 말 것
5문항	25, 27, 29, 30, 31
난이도 중	최소 반타작
6문항	26, 28, 32, 34, 35, 36
난이도 상	맨 나중에 풀 것
2문항	33, 38
난이도 극상	풀 수가 없는 문제
3문항	37, 39, 40

Tip 기술점수 올리는 방법
① 세목부터 동그라미
   - 소득세, 양도소득세, 취득세, 등록면허세, 재산세, 종합부동산세
② 어느 파트를 묻는 것인가를 파악하여 동그라미
   - 납세의무자, 과세대상, 과세표준, 세율, 부과·징수, 비과세
③ 틀린 것은? 지문에서 ①이 틀린 것이면 ② ~ ⑤는 읽지 않는다.
④ 처음 보는 지문은 무조건 '통과'한다.
⑤ 계산문제와 사례형 문제는 일단 통과한 후 맨 나중에 푼다.

---

25. ②   난이도 下

② 주택에 대한 재산세는 납세의무자별로 해당 지방자치단체의 관할구역에 있는 주택의 과세표준을 합산하지 않고 <u>독립된 매1구의 주택 가액을 각각의 과세표준으로 하여 주택의 세율</u>을 적용한다.

26. ②   난이도 中

② 지방세법 제110조의2에 따라 1세대 1주택으로 인정되는 주택(<u>시가표준액이 9억원을 초과하는 주택을 포함한다</u>)에 대해서는 시가표준액이 6억원을 초과하는 경우 시가표준액의 100분의 45로 한다.

27. ②   난이도 下

② 「신탁법」 제2조에 따른 수탁자의 명의로 등기 또는 등록된 신탁재산의 경우 : 위탁자

28. ②   난이도 中

② <u>3주택</u>(법령에 따른 소형주택 아님)을 소유하는 자가 받은 보증금의 합계액이 <u>3억원</u>을 초과하는 경우 법령으로 정하는 바에 따라 계산한 간주임대료를 사업소득 총수입금액에 산입한다.

29. ②   난이도 下

② 환지처분에 의하여 취득한 토지의 취득시기는 <u>환지 전의 토지의 취득일</u>로 한다.

30. ④   난이도 下

④ 등기된 비사업용 토지를 양도한 경우 양도소득기본공제를 적용한다.

31. ④   난이도 下

① 국외자산 양도에 대한 양도소득세 납세의무자는 해당 자산의 양도일까지 계속 <u>5년</u> 이상 국내에 주소 또는 거소를 둔 거주자만 해당한다.
② 외국법인이 발행한 주식의 양도로 발생하는 소득은 <u>국내자산</u> 양도소득의 범위에 포함된다.
③ 국외자산 양도소득이 국외에서 외화를 차입하여 취득한 자산을 양도하여 발생하는 소득으로서 환율변동으로 인하여 외화차입금으로부터 발생하는 환차익을 포함하고 있는 경우에는 해당 환차익을 <u>양도소득의 범위에서 제외</u>한다.
⑤ 국외소재 토지로서 보유기간이 3년 이상인 경우 국외자산 양도소득금액 계산시 장기보유특별공제액을 공제하지 아니한다.

32. ②   난이도 中

② 국내에 1주택을 소유한 1세대가 종전의 주택을 양도하기 전에 신규주택을 취득함으로써 일시적으로 2주택이 된 경우 종전의 주택을 취득한 날부터 1년 이상이 지난 후 신규 주택을 취득하고 신규 주택을 취득한 날부터 <u>3년</u> 이내에 종전의 주택을 양도하는 경우에는 이를 1세대 1주택으로 보아 소득세법시행령 제154조 제1항을 적용한다.

33. ④   난이도 上

④ 증여자가 직접 양도한 것으로 보는 경우 그 양도소득세에 대해서는 증여자와 증여받은 자가 연대하여 납세의무를 진다.

34. ④   난이도 中

④ 거주자 甲이 2019년 1월 20일에 취득한 건물을 甲의 배우자 乙에게 2023년 3월 5일자로 증여한 후, 乙이 2025년 5월 20일에 甲·乙의 특수관계인이 아닌 丙에게 양도한 경우 乙이 납부한 증여세는 세액공제가 아니라 <u>필요경비에 산입</u>한다.

35. ①   난이도 中

틀린 것 : ㄹ(1개)
ㄹ. 토지의 지목을 사실상 변경함으로써 그 가액이 증가한 경우에 취득으로 본다.

36. ⑤   난이도 中

① 상속으로 취득세 과세물건을 취득한 자는 <u>상속개시일이 속하는 달의 말일부터 6개월</u>(외국에 주소를 둔 상속인이 있는 경우에는 각각 9개월) 이내에 그 과세표준에 세율을 적용하여 산출한 세액을 신고하고 납부하여야 한다.
② 취득세 신고·납부기한 이내에 재산권과 그 밖의 권리의 취득·이전에 관한 사항을 공부(**公簿**)에 등기하거나 등록[등재(**登載**)를 포함한다]하려는 경우에는 <u>등기 또는 등록 신청서를 등기·등록관서에 접수하는 날까지 취득세를 신고·납부</u>하여야 한다.

③ 취득세 과세물건을 취득한 후에 그 과세물건이 중과세 세율의 적용대상이 되었을 때에는 대통령령으로 정하는 날부터 60일 이내에 중과세 세율을 적용하여 산출한 세액에서 이미 납부한 세액(가산세는 제외한다)을 공제한 금액을 세액으로 하여 대통령령으로 정하는 바에 따라 신고하고 납부하여야 한다.
④ 취득세가 경감된 과세물건이 추징대상이 된 때에는 그 사유 발생일부터 60일 이내에 그 산출세액에서 이미 납부한 세액(가산세 제외)을 공제한 세액을 신고하고 납부하여야 한다.

37. ②
난이도 極上

틀린 것 : ㄹ(1개)
ㄹ. 특별징수의무자가 징수하였거나 징수할 세액을 제1항 또는 제2항에 따른 기한까지 납부하지 아니하거나 부족하게 납부하더라도 특별징수의무자에게 「지방세기본법」 제56조에 따른 가산세(특별징수 납부지연가산세)는 부과하지 아니한다(지방세법 제31조 제4항).

38. ③
난이도 上

① 甲의 주택에 대한 재산세가 20만원을 초과하는 경우 납기는 2분의 1은 7월 16일부터 7월 31일까지이고 나머지 2분의 1은 9월 16일부터 9월 30일까지이다.
② 甲의 상가건물에 대한 재산세는 시가표준액에 법령이 정하는 공정시장가액비율을 곱하여 산정한 가액을 과세표준으로 하여 비례세율을 과세한다.
④ 주택분 종합부동산세액에서 공제되는 재산세액은 재산세 표준세율의 100분의 50의 범위에서 가감된 세율이 적용된 경우에는 그 세율이 적용된 세액으로 한다.
⑤ 종합부동산세 납부할 세액이 800만원인 경우, 해당 세액의 100분의 50 이하의 금액을 납부기한이 지난 날부터 6개월 이내에 분납할 수 있다.

39. ①
난이도 極上

① 과세표준과 세액의 신고에 따라 납세의무가 확정되는 국세의 경우 신고한 해당 세액의 법정기일은 그 신고일이다.

40. ②
난이도 極上

② 상속인이 2명 이상일 때 각 상속인은 피상속인에게 부과되거나 그 피상속인이 납부할 국세 및 강제징수비를 '민법에 따른 상속분'에 따라 나누어 계산하여 상속으로 받은 재산의 한도에서 연대하여 납부할 의무를 진다(국기법 24③ 전단, 국기령 11④).

수고하셨습니다.
당신의 합격을 응원합니다.

www.pmg.co.kr

박문각 공인중개사

2025년도 제36회 시험대비 THE LAST 모의고사
박윤모 & 정석진 부동산공시법·부동산세법

회차	문제수	시험과목
3회	40	부동산공시법·부동산세법

수험번호		성명	

【정답 및 해설】

박문각은 여러분의 제36회 공인중개사 시험 합격을 진심으로 응원합니다!

부동산공시에 관한 법령

1. ②	2. ①	3. ③	4. ⑤	5. ①	6. ③	7. ④	8. ②
9. ④	10. ④	11. ③	12. ⑤	13. ①	14. ④	15. ②	16. ③
17. ⑤	18. ⑤	19. ①	20. ④	21. ③	22. ②	23. ②	24. ⑤

〈문제분석〉

■ 체감난이도 : 중상

■ 문항분석

난이도 하	하나도 틀리지 말 것
7문항	7, 8, 9, 11, 14, 15, 22
난이도 중	최소 반타작
6문항	1, 2, 3, 5, 12, 21
난이도 상	맨 나중에 풀 것
5문항	6, 13, 17, 19, 24
난이도 극상	풀 수가 없는 문제
6문항	4, 10, 16, 18, 20, 23

1. ②   난이도 中

ㄱ. 지적도 및 임야도에는 삼각점 및 지적기준점의 위치를 등록하여야 하고, 공공기준점의 위치는 등록사항에 해당하지 않는다.
ㄹ. 토지의 고유번호는 지적도 및 임야도의 등록사항에 해당하지 않는다.

2. ①   난이도 中

② 시·도지사는 지방지적위원회의 지적측량 적부심사 의결서를 받은 날부터 7일 이내에 지적측량 적부심사 청구인 및 이해관계인에게 그 의결서를 통지하여야 한다.
③ 의결서를 받은 자가 지방지적위원회의 의결에 불복하는 경우에는 그 의결서를 받은 날부터 90일 이내에 국토교통부장관을 거쳐 중앙지적위원회에 재심사를 청구할 수 있다.
④ 지적측량 적부심사청구를 회부받은 지방지적위원회는 부득이한 경우가 아닌 경우 그 심사청구를 회부받은 날부터 60일 이내에 심의·의결하여야 한다.
⑤ 지방지적위원회는 부득이한 경우에 심의기간을 해당 지적위원회의 의결을 거쳐 30일 이내에서 한 번만 연장할 수 있다.

3. ③   난이도 中

③ 합병하려는 토지에 가압류등기가 있는 경우에는 합병을 신청할 수 없다. 합병하려는 토지에 다음의 등기가 있는 경우에는 합병을 신청할 수 없다.

> 1. 저당권·가등기·가압류·가처분·경매개시결정 등기
> 2. 요역지에 대한 지역권의 등기
> 3. 합병하려는 토지 전부에 대한 등기원인 및 그 연월일과 접수번호가 다른 저당권등기
> 4. 합병하려는 토지 전부에 대한 등기사항이 다른 신탁등기

4. ⑤   난이도 極上

실전에서 버리는 문제 연습용으로 해설은 제공하지 않습니다.

5. ①   난이도 中

ㄴ. 대지권 비율과 ㅁ. 전유부분 건물표시는 대지권등록부에만 등록하고, 공유지연명부에는 등록하지 않는 사항이다.

6. ③   난이도 上

ㄴ. 축척변경위원회는 5명 이상 10명 이하의 위원으로 구성하되, 위원의 2분의 1 이상을 토지소유자로 하여야 한다. 이 경우 그 축척변경 시행지역의 토지소유자가 5명 이하일 때에는 토지소유자 전원을 위원으로 위촉하여야 한다.

7. ④   난이도 下

ㄹ. 카드로 된 토지대장·임야대장·공유지연명부·대지권등록부 및 경계점좌표등록부는 100장 단위로 바인더(binder)에 넣어 보관하여야 한다.

8. ②   난이도 下

ㄱ. 연접되는 토지 간에 높낮이 차이가 있는 경우 : 그 구조물 등의 하단부
ㅁ. 도로·구거 등의 토지에 절토(切土)된 부분이 있는 경우 : 그 경사면의 상단부

9. ④   난이도 下

④ 지적현황측량이란 지상건축물 등의 현황을 연속지적도가 아닌 지적도에 등록된 경계와 대비하여 표시하는 것을 말한다(법 제23조).

10. ④   난이도 極上

실전에서 버리는 문제 연습용으로 해설은 제공하지 않습니다.

11. ③   난이도 下

ㄷ. 1/2,000과 ㄹ. 1/2,500은 지적도에서 사용하는 축척에 해당하지 않는다.

> 지적도면의 축척은 다음의 구분에 따른다(규칙 제69조).
> 1. 지적도 : 1/500, 1/600, 1/1000, 1/1200, 1/2400, 1/3000, 1/6000
> 2. 임야도 : 1/3000, 1/6000

12. ⑤   난이도 中

⑤ 석유·석유제품, 액화석유가스, 전기 또는 수소 등의 판매를 위하여 일정한 설비를 갖춘 시설물의 부지, 저유소(貯油所) 및 원유저장소의 부지와 이에 접속된 부속시설물의 부지는 주유소용지로 하여야 한다. 다만, 자동차·선박·기차 등의 제작 또는 정비공장 안에 설치된 급유·송유시설 등의 부지는 제외한다(시행령 제58조).

13. ①
② 소유권이전등기청구권 보전을 위한 가등기권리자는 그 본등기를 명하는 판결이 확정된 경우라도 가등기에 기한 본등기를 마치기 전 가등기만으로는 가등기된 부동산에 경료된 무효인 중복소유권보존등기의 말소를 청구할 수 없다.
③ 소유권보존등기가 실행되면 소유권이 진실하게 보존되어 있다는 사실에 관하여만 추정력이 있고, 소유권보존 이외의 권리변동이 진실하다는 추정력은 없다.
④ 소유권이전등기청구권 보전을 위한 가등기에 기한 본등기가 된 경우 소유권이전의 효력은 본등기시에 발생한다.
⑤ 사망자 명의의 등기는 추정력이 없으므로 그 등기의 유효를 주장하는 자가 입증할 책임이 있다.

14. ④
④ 법인 아닌 사단에 속하는 부동산에 관한 등기는 그 사단 명의로 대표자가 신청하여야 한다.

15. ②
② 이의신청은 관할 지방법원이 아닌 등기소에 이의신청서를 제출하는 방법으로 하여야 한다.

16. ③
실전에서 버리는 문제 연습용으로 해설은 제공하지 않습니다.

17. ⑤
⑤ 전세권의 존속기간이 만료된 후에는 전세금반환채권의 일부양도에 따른 전세권일부이전등기를 신청할 수 있지만, 전세권이 소멸하기 전에는 할 수 없다.

18. ⑤
실전에서 버리는 문제 연습용으로 해설은 제공하지 않습니다.

19. ①
① 등기관이 건물의 멸실등기를 할 때에는 등기기록 중 표제부에 멸실의 뜻과 그 원인 또는 부존재의 뜻을 기록하고 표제부의 등기를 말소하는 표시를 한 후 그 등기기록을 폐쇄하여야 한다. 다만, 멸실한 건물이 구분건물인 경우에는 그 등기기록을 폐쇄하지 아니한다(규칙 제103조).

20. ④
실전에서 버리는 문제 연습용으로 해설은 제공하지 않습니다.

21. ③
ㄱ. 근저당권의 채권최고액을 증액하는 변경등기는 근저당권설정자와 근저당권자가 공동으로 신청하여야 한다.
ㄹ. 저당권이 이전된 후 채무변제로 인한 저당권말소등기는 저당권양수인과 저당권설정자가 공동으로 신청하여야 한다.

22. ②
ㄴ. 승소한 가처분권리자가 소유권이전등기를 신청하는 경우에는 가처분등기 후에 마쳐진 제3자 명의의 소유권이전등기의 말소등기도 함께 단독으로 신청하여야 한다.
ㄷ. 환매권행사로 인한 소유권이전등기를 하는 경우 환매특약등기는 등기관이 직권으로 말소하여야 한다.

23. ②
실전에서 버리는 문제 연습용으로 해설은 제공하지 않습니다.

24. ⑤
⑤ 등기관이 소유권이전등기청구권보전 가등기에 의한 본등기를 한 경우, 가등기 후 본등기 전에 마쳐진 가등기권자에게 대항할 수 있는 주택임차권등기는 직권으로 말소할 수 없는 등기이다.

부동산 관련 세법

| 25. ⑤ | 26. ⑤ | 27. ④ | 28. ⑤ | 29. ② | 30. ③ | 31. ④ | 32. ④ |
| 33. ④ | 34. ⑤ | 35. ③ | 36. ④ | 37. ① | 38. ③ | 39. ④ | 40. ② |

〈문제분석〉

■ 체감난이도 : 중상(계산문제 1문제)

■ 문항분석

난이도 하	하나도 틀리지 말 것
3문항	27, 30, 36
난이도 중	최소 반타작
7문항	25, 28, 31, 32, 33, 34, 39
난이도 상	맨 나중에 풀 것
3문항	26, 29, 35
난이도 극상	풀 수가 없는 문제
3문항	37, 38, 40

Tip 기술점수 올리는 방법
① 세목부터 동그라미
  - 소득세, 양도소득세, 취득세, 등록면허세, 재산세, 종합부동산세
② 어느 파트를 묻는 것인가를 파악하여 동그라미
  - 납세의무자, 과세대상, 과세표준, 세율, 부과·징수, 비과세
③ 틀린 것은? 지문에서 ①이 틀린 것이면 ②~⑤는 읽지 않는다.
④ 처음 보는 지문은 무조건 '통과'한다.
⑤ 계산문제와 사례형 문제는 일단 통과한 후 맨 나중에 푼다.

---

25. ⑤ 　　　　　　　　　　　　　　　　　　　　　　난이도 中

⑤ 「도시개발법」이나 그 밖의 법률에 따른 환지처분으로 인하여 지번 또는 지목이 변경된 경우 양도에 해당하지 않고 환지처분 받은 부동산을 양도한 경우 양도로 본다.

26. ⑤ 　　　　　　　　　　　　　　　　　　　　　　난이도 上

구 분	주택(미등기)	토 지
양도가액	500,000,000	50,000,000
− 취득가액	287,000,000 (매매사례가액)	25,000,000 (환산취득가액) $50,000,000 \times \dfrac{30,000,000}{60,000,000}$
− 기타필요경비	540,000 (필요경비개산공제) (180,000,000 × 0.3%)	900,000 (필요경비개산공제) (30,000,000 × 3%)
= 양도차익	212,460,000	24,100,000

27. ④ 　　　　　　　　　　　　　　　　　　　　　　난이도 下

④ 1세대 1주택으로서 「건축법」에 의한 건축허가를 받지 아니하여 등기가 불가능한 자산은 미등기양도자산에서 제외한다.

28. ⑤ 　　　　　　　　　　　　　　　　　　　　　　난이도 中

① 농지를 교환할 때 쌍방 토지가액의 차액이 가액이 큰 편의 4분의 1인 경우 발생하는 소득은 비과세된다.
② 1세대 1주택 비과세 요건을 충족하는 고가주택의 양도가액이 15억원이고 양도차익이 5억원인 경우 양도소득세가 과세되는 양도차익은 1억원이다.
③ 1주택을 보유하는 자가 1주택을 보유하는 자와 혼인함으로써 1세대가 2주택을 보유하게 되는 경우 혼인한 날부터 5년 이내에 먼저 양도하는 주택은 이를 1세대 1주택으로 보아 소득세법 시행령 제154조 제1항을 적용한다.
④ 국내에 1주택만을 보유하고 있는 1세대가 해외이주로 세대전원이 출국하는 경우 출국일부터 2년이 되는 날 해당 주택을 양도하면 비과세된다.

29. ② 　　　　　　　　　　　　　　　　　　　　　　난이도 上

① 토지의 양도차익 계산시 양도가액에서 공제할 취득가액은 300,000,000원이다.
③ 토지의 양도차익 계산시 甲의 증여세 산출세액은 양도가액에서 공제할 수 있다.
④ 甲과 乙은 연대하여 토지의 양도소득세 납세의무를 지지 않는다.
⑤ 토지의 양도소득세 납세의무자는 甲이다.

30. ③ 　　　　　　　　　　　　　　　　　　　　　　난이도 下

③ 과밀억제권역에서 본점이나 주사무소의 사업용 부동산(본점이나 주사무소용 건축물을 신축하거나 증축하는 경우 그 부속토지만 해당한다)을 취득하는 경우에는 표준세율에 중과기준세율의 100분의 200을 합한 세율을 적용한다.

31. ④ 　　　　　　　　　　　　　　　　　　　　　　난이도 中

④ 취득가액이 50만원 이하일 때에는 취득세를 부과하지 아니한다.

32. ④ 　　　　　　　　　　　　　　　　　　　　　　난이도 中

④ 취득세 과세물건을 취득한 후 중과세 대상이 되었을 때에는 중과세율을 적용하여 산출한 세액에서 이미 납부한 세액(가산세 제외)을 공제한 금액을 세액으로 하여 신고·납부하여야 한다.

33. ④ 　　　　　　　　　　　　　　　　　　　　　　난이도 中

④ 신고 ×, 납부 ○ ⇨ 신고를 하고 납부한 것으로 본다. ⇨ 가산세 ×

34. ⑤ 　　　　　　　　　　　　　　　　　　　　　　난이도 中

⑤ 지목변경으로 인한 취득세 납세의무자가 신고를 하지 아니하고 매각하는 경우 중가산세를 적용하지 아니한다.

35. ③ 　　　　　　　　　　　　　　　　　　　　　　난이도 上

③ 「여객자동차 운수사업법」의 규정에 의하여 면허 또는 인가를 받은 자가 계속하여 사용하는 여객자동차터미널용 토지 : 0.2% 분리과세대상

36. ④ 　　　　　　　　　　　　　　　　　　　　　　난이도 下

④ 「자연공원법」에 따른 공원자연보존지구의 임야는 재산세를 부과하지 아니한다.
① 임시로 사용하기 위하여 건축된 건축물로서 재산세 과세기준일 현재 1년 미만인 법령에 따른 고급오락장은 사치성재산에 해당하여 재산세를 과세한다.

② 대한민국 정부기관의 재산에 대하여 과세하는 외국정부의 재산에 대하여는 재산세를 부과한다(상호주의).
③ 국가, 지방자치단체가 1년 이상 공용 또는 공공용으로 유료로 사용하는 경우에는 재산세를 부과한다.
⑤ 소유권의 유상이전을 약정한 경우로서 국가, 지방자치단체 또는 지방자치단체조합이 그 재산을 취득하기 전에 1년 이상 공용 또는 공공용으로 미리 사용하는 경우에는 재산세를 부과한다.

37. ①   난이도 極上

1. 옳은 설명 : ㄴ(1개)
2. 틀린 설명 : ㄱ, ㄷ, ㄹ, ㅁ(4개)
ㄱ. 종합부동산세를 신고납부방식으로 납부하고자 하는 납세의무자는 종합부동산세의 과세표준과 세액을 관할세무서장이 결정하기 전인 해당 연도 12월 1일부터 12월 15일까지 관할세무서장에게 신고하여야 한다.
ㄷ. 혼인함으로써 1세대를 구성하는 경우에는 혼인한 날부터 5년 동안은 제1항에도 불구하고 주택 또는 토지를 소유하는 자와 그 혼인한 자별로 각각 1세대로 본다(종합부동산세법시행령 제1조의2 제4항). 따라서 혼인으로 인한 1세대 2주택의 경우 납세의무자가 해당 연도 9월 16일부터 9월 30일까지 관할세무서장에게 합산배제를 신청하지 않더라도 1세대 1주택자로 본다.
ㄹ. 과세표준 합산의 대상에 포함되지 않는 주택을 보유한 납세의무자는 해당 연도 9월 16일부터 9월 30일까지 관할세무서장에게 해당 주택의 보유현황을 신고하여야 한다(종합부동산세법 제8조 제3항).
ㅁ. 1세대가 일반 주택과 합산배제 신고한 임대주택을 각각 1채씩 소유한 경우 해당 일반 주택에 그 주택소유자가 과세기준일 현재 그 주택에 주민등록이 되어 있고 실제로 거주하고 있는 경우에 한정하여 1세대 1주택자에 해당한다(종합부동산세법시행령 제2조의3 제2항).

38. ③   난이도 極上

③ 과세기준일 현재 토지분 재산세의 납세의무자로서 종합합산과세대상인 경우에는 국내에 소재하는 해당 과세대상토지의 공시가격을 합한 금액이 5억원을 초과하는 자는 해당 토지에 대한 종합부동산세를 납부할 의무가 있다.

39. ④   난이도 中

보유단계, 지방세 : 지방교육세, 개인지방소득세, 재산세(3개)
ㄱ. 농어촌특별세 : 취득단계・보유단계・양도단계, 국세
ㄴ. 지방교육세 : 취득단계・보유단계, 지방세
ㄷ. 개인지방소득세 : 보유단계・양도단계, 지방세
ㄹ. 재산세 : 보유단계, 지방세
ㅁ. 종합부동산세 : 보유단계, 국세

40. ②   난이도 極上

② 법인은 납부기간 만료일 현재 법인의 무한책임사원, 과점주주 및 영농・영어조합법인의 과점조합원이 납부할 국세 및 강제징수비에 대하여 출자자의 소유주식 등을 환가할 수 없는 경우에만 그 부족한 금액에 대하여 제2차 납세의무를 진다.

수고하셨습니다.
당신의 합격을 응원합니다.

www.pmg.co.kr

박문각 공인중개사